ばぁば92年目の隠し味

幸せを呼ぶ人生レシピ

鈴木登紀子

まえがきにかえて

めでたい長生きばぁさんの作り方

このたびは、たくさんの書籍の中から、ばぁばの本をお手にとっていただきましたこと、心よりお礼申し上げます。

前著『ばぁばの料理　最終講義』の上梓でひとまずは〝最終〟のはずだったのですが、閻魔《えんま》様の心変わりか、あるいは天国のパパ（夫・鈴木清佐《きよすけ》さん。1999年逝去。享年91）が「もう少し先でいいよ」と渋っているのか、92歳の春を安穏に迎えることができました。髪も歯も自前、目も耳も不自由はありません。強いて言えば、嫌なことはさっさと忘れるクセがさらに増強しまして（笑い）、懲《こ》りないと言いますか、覚えておくべきことまで記憶に留まらないのは困ったものです。

何よりもありがたいのは、これまで〝食欲がない〟経験がないこと、寝込まずにすんでいることです。

よく「ばぁばの長生きの秘訣は何ですか?」と訊《たず》ねられます。

はて、何かしら?　ばぁばもよくわからないのです。長生きしようと思ったことはありませんし、パパを看取った際には、「なぜ先に、ひとりで逝《い》っちゃったの?」と恨めしくすらありました。死を怖いと思ったこともありません。

サラリーマンの夫と3人の子供と暮らす、ごく普通の主婦をしておりましたら、ご近所の奥様たちにお料理を教えるようになり、それが『きょうの料理』出演につながり、気がつけば〝最高齢の日本料理研究家〟と呼ばれるようになって、パパの天命をも追い越してしまいました。

ただ、私のお料理はパパの妻となった時からあくまで家庭料理。パパや子供たち、あるいは我が家にお招きしたお客様に『おいしい』と言ってもらうためのお料理が礎《いしずえ》になっています。無口なパパが黙って完食するお献立、「今日のごはんはな〜に?」

と子供達が楽しみにするおかず…。我が母・お千代さんの「(相手を)思えば、思ってもらえるのよ」を胸に、家族や生徒さん、〝ばぁば〟と呼んで大事にしてくださる皆様の笑顔を思いながら、心を込めてせっせとお料理を作ってきただけなのです。あとは、三食きちんと食べること、くよくよ考えないこと。笑顔を忘れないこと。手をかけたお料理で命を大切に紡《つむ》ぐことが基本中の基本。そして手料理で育った命と体は、どんな状況にも幸せを感じやすくて不幸を寄せつけにくい、私のようなめでたいばぁさんになるのではないかしら…。

仕事に家庭に、てんてこ舞いの方も多いでしょう。スーパーに行けばできたてのお総菜が売られているし、今夜はお弁当買って…と思うのも人情でしょう。

でもどうか、食事だけは手を抜かないでほしいのです。時間がなければご飯とおみそ汁、卵焼きでも結構です。塩むすびとお漬けものでもいいの。家族のためではなく、あなたご自身のために。それがばぁばの、おそらくは最後のお願いです。

ばぁば　92年目の隠し味

本書では、〝ばぁば〟こと鈴木登紀子さんが、これまで作り上げてきた約1500のお料理の中から自ら厳選した40品のレシピを四季の順にご紹介しています。いずれの料理も旬の魅力を存分に生かした一皿で、定番から新工夫メニューまで、どれもこれもばぁばならではの日本の家庭料理です。

解説はすべて最新語りおろし。作り方だけでなく、そのお料理に秘められた思いが初めて明かされるものもあり、料理書ながら、本書全編にばぁばの92年の人生が凝集されています。

愛情のこもった手料理を囲む幸せ、それこそが〝万福《まんぷく》〟だとばぁばは言います。92歳の〝美味礼賛〟——これぞ、ばぁばの最終講義です。

目次

ばぁばのお小言

あとがきにかえて

序章　毎日の約束

ご飯は炊きたて、みそ汁は煮えばな。

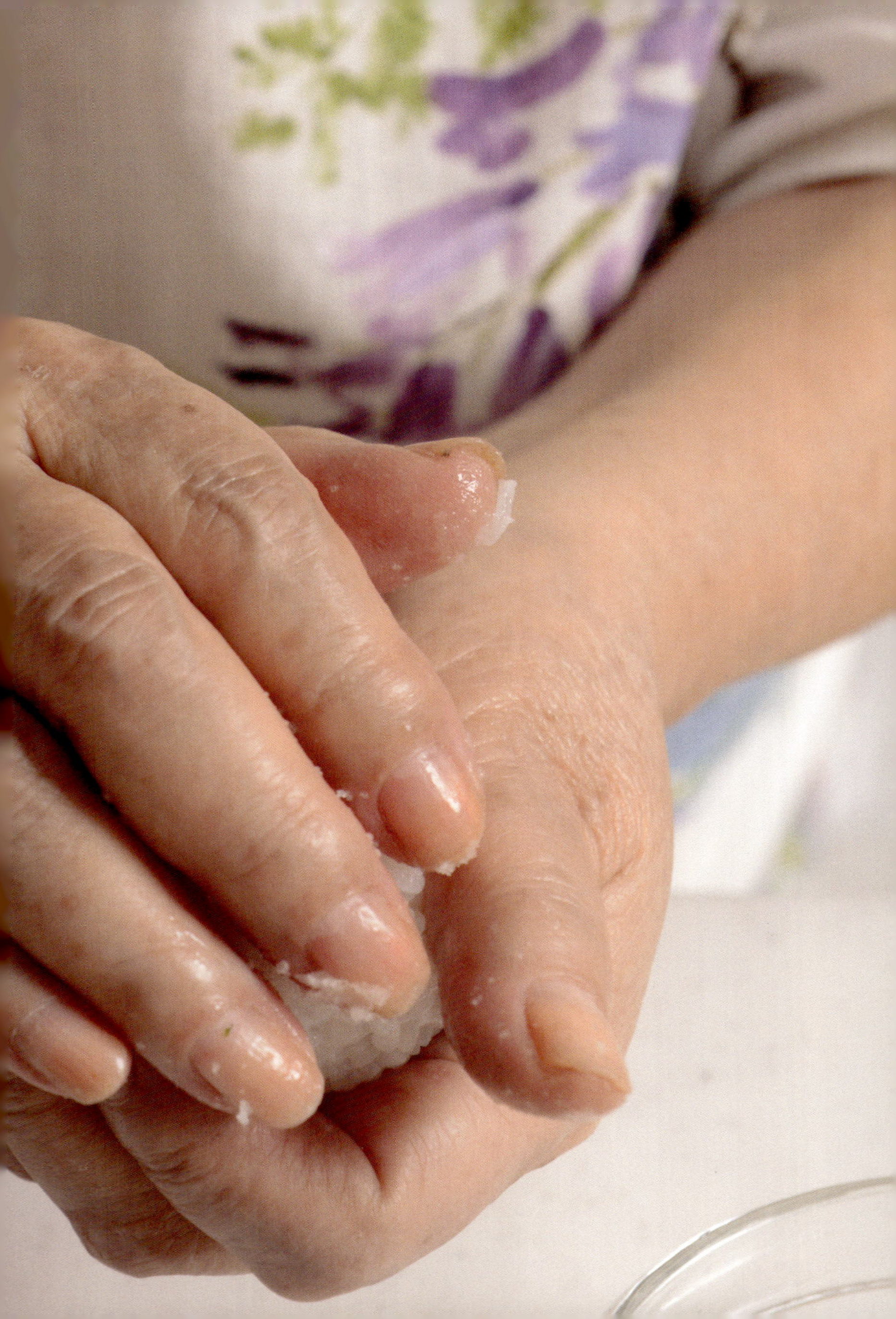

昔の母親は、帰ってくる家族を待つ存在だったの。
おふくろの手料理は今も、家族の絆を繫《つな》ぐものなのよ。

パパは、私が作ったおむすびが大好きな人でした。

　戦後の高度成長期、パパは働き盛りのサラリーマンで、当時は土曜日も出勤していました。たまに早くお仕事が終わる日があって、そんな時はおむすびをせっせとにぎり、卵焼きやら唐揚げやらでお弁当をこしらえ、子供たちとパパを駅までお迎えに行くのです。そうしてそのまま公園までゆるゆると散歩して、みんなでおむすびを食べて、夕暮れまでの時間を過ごしたのでした。

「おむすび、おいしいねえ」

　暖かな春の昼下がり、好物のたたき梅のおむすびを頰張りながらしみじみと呟くパパ。きゃっきゃと遊ぶ子供たち。サラリーマン一家のつつましやかなお出かけですが、何ものにも代えがたい幸せなひとときでした。

　おむすびは、もっともシンプルでもっとも奥の深い〝おふくろの味〟だと思います。なぜなら、100人の母がいれば100通りのおむすびがあり、ご飯のかたさから塩加減、むすび方の強弱まで、唯一無二のおふくろのオートクチュールだからです。かつてはパパも、娘がにぎったとは知らずにおむすびを口にすると、「これは誰が作ったんだい？」と即座に訊ねたものでした。

手のひらをまっ赤にしながらご飯を包む手は、家族を思う心そのもの。愛情や絆を一緒にむすぶから〝おむすび〟なのです。

そして、おむすびの素であるお米は日本人の主食。米飯は世界遺産にも登録された和食の原点です。普段から、せめてご飯ぐらいはお鍋で炊きなさい、災害時に停電しても、温かいご飯を用意できるようにしておきなさいと、若い人たちには伝えておきたいわね。炊きたてのご飯なら、塩昆布をのせただけでもおいしいでしょう？　それが直火でお鍋で炊いたものなら、ひとしおですよ。意中の殿方にふるまってごらんなさい。すぐにプロポーズされるわよ…と。

炊飯で肝要なのは、〝すばやく米を研ぐこと〟と〝正確な水加減〟です。お米は指を立てて、ワン・ツー・スリー、ワン・ツー・スリーと、ワルツの三拍子を頭の中で奏でながら研ぐとよろしいのよ。また、すすぎにはボウルに汲んだ水を一気に注ぐと、効率よく糠《ぬか》などが除去できます。水が透き通ったら、たとえば米3カップならきっちり水3カップを量って入れます。ただし、新米の場合は1割ほど水を減らしてください。ここまでは、たとえ〝スマホ〟がジャンジャカ鳴っても、玄関からピンポンと聞こえても手を止めてはダメですよ。

おいしく炊けたご飯には、表面に「カニの穴」が出来ます。水蒸気が通った跡で、お米の一粒一粒が無理なく均等に立っている証拠です。

ご飯は炊き上がったら、すぐに水で濡らしたお杓文字《しゃもじ》を鍋肌に差し込んで下から大きく返して混ぜる…べきところですが、パパにはいつも、キラキラ光る手つかずのご飯の上のほうをお茶碗に盛っておりました。だってここがいちばんアツアツでおいしいのだもの。今もまっ先にパパにお供えしています。

保温付き炊飯器も電子レンジもなかった時代、パパが仕事で帰宅が遅くなる時には、冬であれば丼にパパの分をよそい、ハンカチや布巾で包んで、こたつの中で〝保温〟していました。乾いてカピカピにならないよう、時折隅のほうに移動させながら…。朝から晩まで家族のために働いて帰ってきた大黒柱に、冷めたご飯を食べさせるわけにはいきませんでしょう?

晩年、パパが解離性大動脈瘤で倒れて長期入院した際も、病院食は「まずい」と口にしないものですから、炊きたてのご飯を鍋ごと綿入りの保温カバーと風呂敷で包んで、おかずと一緒に毎日、病院に届けました。また、(これは大きな声では言えませんが)、お肉が大好きなパパにおいしい和牛を食べさせてあげたい一心で、病室(個室)で焼き肉をしたことも…。廊下においしい煙がモクモクと流出し、駆けつけた看護婦長さんにたいそう叱られてしまいました。この時ばかりは反省しきり。でも、喜ぶパパの顔が見られて、うれしかったわね。

ばぁばのお小言

おいしいご飯の炊き方

ご飯はいちばん最後。お料理が食卓に並んだ後で炊きたてをお出しするのですよ。

「私は結婚当初から、文化鍋と呼ばれる厚手のアルミ鍋を使っております。娘たちにも、嫁入り道具に持たせました。どんなに高価な炊飯器も、直火で炊いた白飯とおこげには勝てません。時間も短縮できますよ」

白飯の炊き方（4人分）

❶まずは米と水を用意する

文化鍋か厚手の鍋に米3カップと、水をたっぷり入れた中サイズのボウルを用意。

❷水を一気に注ぎ、糠などを除去

ボウルの水を一気に鍋に注ぎ入れ、大きく混ぜて水を捨てる。“一気に”が肝要。

❸1、2、3のワルツのテンポで研ぐ

指を立て、シャカシャカと手早く研ぐ。

❹「研いですすぐ」を2〜3回ほど繰り返す

米を研ぐ→ボウルの水を注いですすぎ、捨てる…を、水が透明になるまで続ける。

❺最後に研ぎ水を捨てて水を量り入れる

研ぎ水が残らないようしっかり捨てる。

❻強火にかけて一気に沸騰させる

鍋を強火にかけ、5〜6分して蓋がカタカタと噴いてきたら1分ほど待ち、ごく弱火に落として13〜14分炊く。湯気が立ち、パチパチと音がしてきたら一瞬強火にして火を止める。そのまま9分ほど蒸らす。

❼“カニの穴”が開いていたらおいしく炊けた証拠

蓋を取り、水に濡らした杓文字を鍋肌から差し入れ、ご飯をふんわりと返して混ぜる。

第1章　春の食卓

旬の食材は
食べる特効薬です。

「生命が芽吹き、新しい息吹きにはぐくまれた春野菜は、濃厚で力強い味がします。冬には滋養に満ちた野菜が、夏には体を冷やす野菜が旬を迎えるように、お天道《てんと》さまはちゃんと、季節ごとに必要な栄養を授けてくださるのです」

春山ちらしとばぁばの太巻き

春山ちらし

すし飯

材料（5〜6人前）

米 ………………………… 4カップ
水 ………………………… 4カップ強
だし昆布 ……… 1枚（10cm角）

〈合わせ酢〉
米酢 ……………………… ½カップ
砂糖 ……………………… 大さじ4½
塩 ………………………… 小さじ1

具材

しいたけ

❶干ししいたけ12枚はざっと水洗いし、ひたひたより多めの水に浸す。浮き上がってこないように落とし蓋などをのせて、どんこならひと晩置いてもどす。❷①をきつく絞って石突きを取り、だし汁1½カップと砂糖大さじ4½でアクを取りながら4〜5分煮て、みりん大さじ3、しょうゆ大さじ2を加える。❸弱火で汁気が完全になくなるまで煮てバットにあけ、冷めたら薄切りにする。

にんじん

❶にんじん50gは皮をむいて3cm長さのせん切りにする。鍋ににんじんとひたひたの水を入れ、酢小さじ½、砂糖小さじ2、塩少量を加えて汁気がなくなるまで中火で煮る。

れんこん

❶れんこん100gは皮をむいて薄いいちょう切りにし、酢少量を落とした水に放してアクどめをする。❷鍋に2カップの水と酢少量を入れ、①を加えて1〜2分ゆでてざるに上げる。❸バットなどにだし汁・酢各大さじ3、砂糖大さじ1、塩少量を合わせ、②を浸す。

かんぴょう

❶かんぴょう（21cm長さ）24本はさっと水洗いし、たっぷりの塩をまぶしてよくもんでから水で洗い、たっぷりの水に30分浸す。つけ水ごと鍋に入れ、弱めの中火にかけて落とし蓋をする。爪が立つくらいになったら、再度水洗いをして水気を絞る。❷だし汁1½カップと砂糖大さじ4を鍋に加えて①を入れ、弱火で4〜5分煮る。みりん大さじ4、しょうゆ大さじ2を加えて中火にし、汁気がなくなるまで煮る。

高野豆腐

❶高野豆腐2枚はぬるま湯につけてもどし、手で挟んで水気を絞る。厚みを半分に切ってから薄い短冊切りにする。❷小鍋にだし汁⅔カップを煮立て、酒・砂糖・みりん・しょうゆ各大さじ1強も加える。①を入れて中火にし、菜箸で押しながら汁気がなくなるまで煮る。

おぼろ

❶鍋に水と生だら2切れを入れて中火で5～6分ゆで、鍋ごと流水の下においてよく水にさらす。❷皮と骨を取り除き、布巾に包んできつく絞り、すり鉢でやわやわと擂る。鍋に入れて酒大さじ⅔、砂糖大さじ1、塩少量を加え、水で溶いた食紅少量も入れて、菜箸4～5本で混ぜながら弱火でふんわりするまで炒る。

錦糸卵

❶ボウルに卵3個を割り、太めの菜箸で卵白を3～4回つまみ上げて切り、塩少量を加えてよく混ぜて漉し器で漉す。❷フライパンを強火で熱し、油玉（カット面にサラダ油適量を含ませたもの）でサラダ油適量をよくなじませる。火から外して卵液を流し入れてフライパン全体に行き渡らせ、火に戻す。❸フライパンを傾けて縁を火に当てるようにし、縁がプクッとしてきたら火から外す。卵の下に菜箸1本を差し込んで静かに引き上げて裏返し、予熱で火を通して盆ざるに上げる。これを卵液がなくなるまで繰り返す。❹③が冷めたら半分に切って重ね、クルクルときつく巻いてせん切りにする。

〈その他の具材〉

炒りごま ½カップ　**もみのり** 1枚分　**木の芽** 適量

作り方

❶米は炊く2～3時間前に研いで水加減をしておく。昆布を入れて普通に炊き、沸騰してきたら手早く昆布を取り出し、ふたたび蓋をして次の沸騰を待つ。弱火にして14～15分炊き、9分蒸らす。❷ご飯を飯台に空け、ご飯を崩さずに、合わせ酢を木杓子に伝わらせながら手早く回しかける。始めは杓文字を寝かせて全体に混ぜ、次にうちわであおぎながら、切るようにまんべんなく混ぜる。❸炒りごま、おぼろと錦糸卵以外の具材をすし飯の上に散らし、飯台を回しながら練らないように混ぜる。❹もみのりを散らして器に盛り、錦糸卵とおぼろで彩る。木の芽適量をあしらう。

ばぁばの太巻き

すし飯

材料
（3本分）

米 ………………………… 4カップ
水 ………………………… 4カップ強
だし昆布 ………… 1枚（10㎝角）
のり ………………………… 4½枚

〈合わせ酢〉
米酢 ……………………… ½カップ
砂糖 ……………………… 大さじ4
塩 ………………………… 小さじ1½

具材

しいたけ
干ししいたけ8枚、だし汁¾カップ、砂糖大さじ3、
みりん大さじ2、しょうゆ大さじ1½
＊作り方は26〜27ページ【春山ちらし】を参照。

かんぴょう
かんぴょう（21㎝長さ）12本、だし汁1カップ、
砂糖・みりん各大さじ3、しょうゆ大さじ2
＊作り方は26〜27ページ【春山ちらし】を参照。

おぼろ
生だら2切れ、酒・砂糖各大さじ1、塩・食紅（水溶き）各少量
＊作り方は26〜27ページ【春山ちらし】を参照。

厚焼き卵
❶卵5個は泡立てないように溶きほぐして砂糖大さじ3、塩少量を混ぜ、漉し器で漉す。❷卵焼き鍋を熱し、油玉でサラダ油適量をなじませ、卵液の⅓量を流し入れて菜箸でつつき、半熟程度になったら菜箸で手前に3つに折る。❸鍋の空いたところを油玉で拭いて②を向こうへ押しやり、残りの卵液の半量を流し入れる。焼けた卵の下にも菜箸を使ってまんべんなく流し入れ、2つに折る。これをもう一度繰り返して焼き上げる。

三つ葉
三つ葉1束は塩少量（材料外）を加えた熱湯でさっとゆでて水にとり、水気を切って揃える。

梅酢しょうが 50g

作り方 ❶米は炊く2〜3時間前に研いで水加減をしておく。昆布を入れて普通に炊き、沸騰してきたら、手早く昆布を取り出し、ふたたび蓋をして次の沸騰を待つ。弱火にして14〜15分炊き、9分蒸らす。❷ご飯を飯台に空け、山を崩さずに、合わせ酢を木杓子に伝わらせながら回しかける。合わせ酢をまんべんなくご飯に混ぜながらうちわであおいで冷まし、すし飯を作る。❸巻きすの表面を上にして置き、のり1枚半をご飯粒でつなげてのせる。すし飯の⅓量をのせて手前をいっぱいに、向こう側を3cmほど空けてすし飯を広げ、手で押さえて厚みを均等にする。❹指先で4本の溝を等間隔につけ、手前からかんぴょう、しいたけ、三つ葉、厚焼き卵の⅓量ずつを各溝にのせ、卵の手前に拍子木切りにした梅酢しょうが、向こう側におぼろを⅓量ずつのせる。❺巻きすの手前をのりの両端ごと持って一気に向こう側まで持っていき、手前にぐっと引き寄せ、左手でのり巻きを抑えながら右手で巻きすを向こうに強く引いてのりを巻き込む。巻きすで軽く押さえて全体の形を整える。同様のものを3本作る。❻巻きすを外し、酢水（材料外）で湿らせた包丁で好みの厚さに切る。

惜しんではいけないの、食材も愛情も。
いつか子供は巣立ち、
夫とも別れの日が訪れます。
しみったれたお料理を作る時間こそ
もったいないと思うわ。

「これぐらいにしておこう…はダメよ。削り節やバターなど、お安くはないけれどケチらないこと。喜ぶ顔が見たい。そう思う心がおいしさの素なのよ。後悔のないよう存分に尽くしなさい。すべては自分に返ってくることなの」

お嬢ちゃまやお孫さんがいらっしゃる読者の皆様にとっては、お雛祭りは一大行事。私も娘たちが小さい頃は、朝早く起きて、ちらしずしや潮汁など、お雛祭りの日よ！　とワクワクしながら準備をしたものです。

娘たちにとっても、年に一度〝主役〟になれる晴れ舞台。お台所の私にくっついて、にぎやかなことでございました。

ばぁばのおちらしは「春山ちらし」。五目ちらしなのですが、錦糸卵の黄、さやいんげんの緑、おぼろの桃色…と、花木咲き誇る春の山に見立てた、目にも鮮やかなごちそうです。

一方、母直伝のひと回り大きな「太巻き」は、家族の行事などハレの日に作ってきた大迫力のおすしです。母の太巻きはのりを2枚使った、直径10㎝ほどもあるそれはもう大輪の花のような立派なものでした。のり2枚ですと巻きすが間に合わないので、私は1枚半にしておりますが、どちらも、お客様へのおもてなしにもなる華やかなおすしです。ぜひ覚えておいてくださいませ。

余談ですけれども、わが家では、太巻きを切る瞬間がメインイベントでした。端っこの具が突き出たところを狙って、子供たちだけでなくパパも揃って見学に現われるの（笑い）。実際、お料理って端っこがおいしかったりするのよね。お肉なども切り落とし肉で充分こと足りたりするでしょう？　形が整っていないだけで、ぐんとお手頃にもなりますしね。

さて、まずはすし飯です。おすしの要はなんといってもすし飯で、おすしの良し悪しはご飯の具合で決まると言っても過言ではないでしょう。すし飯が人肌くらいのときに具を混ぜたり巻いたりすることが肝要なので、具材の仕込みも、ご飯を炊き始める前に済ませておきますよ。すし飯は冷めるとかたまりができて、具材を混ぜたり巻き込んだりがしにくくなるの。お料理は段取りとタイミングがすべてです。おすしに限ったことではなく、具材は最初に切り揃え、下ごしらえを済ませておくこと。合わせ調味料は合わせておくこと。火にかけてから、仕上げに取りかかってから「忘れてた！」と、もたつくことがないように。せっかくのおごちそうが、〝残念だったで賞〟になりますからね。

では、お鍋のお米を火にかけましょうか。炊く直前に10㎝角に切った昆布を入れます。昆布が水を吸いますから、水加減は1割増しにね。くれぐれも水加減は正確にお量りください。お米が沸騰してきたら昆布はお役目ご免。長くおくと昆布が水分を吸収してしまいますから、すぐに取り出します。

お米を炊いている間に合わせ酢の材料を合わせておきます。合わせ酢（酢・砂糖・塩）の割合は、ちらしずし、魚介類のおすし、巻きずしによって異なります。ちらしや巻きずしは甘みのある具材と合わせるので、すし飯も甘めに。

一方、魚介類のおすしはさっぱりとさせて、生もののおいしさを引き立てます。「春山ちらし」は米4カップに対して酢½カップ・砂糖大さじ4と½・塩小さじ1

強。「太巻き」は酢½カップ・砂糖大さじ4・塩小さじ1強を合わせておきます。飯台を濡らした布巾でよく湿らせておくことも忘れずに。

ご飯が炊けましたら9分蒸らし、お酢で湿らせたお杓文字を鍋肌からぐるっと差し込んで一気に飯台にあけ、山を崩さないように合わせ酢をお杓文字に伝わらせながらご飯全体に手早く回しかけます。くれぐれもアツアツのうちに、ですよ。ご飯が冷めるとお酢の吸収が悪くなりますからね。

お杓文字を横に寝かせて使って合わせ酢をご飯になじませ、ここでひと呼吸おきます。この間に酢がご飯の中で蒸れて、味がしみ込むのです。まだ、うちわであおいではダメですよ。ご飯にしみ込む前に酢が飛んでしまいますからね。

底から返すようにしてはよく混ぜ、お杓文字でご飯を横に切るように動かしながら、うちわなどで大きくあおぎながら艶《つや》を出します。

ちらしずしは、すし飯が人肌ぐらいに冷めたところで、準備した具を順に表面に散らし、混ぜ込んでいきます。飯台を回しながら、手前を少しずつ混ぜて、最後に大きくひと混ぜすればよいの。均一に具材が散るように、ていねいに。

巻きずしや具材を混ぜ込まない魚貝のちらしずしの場合は、すし飯を飯台の中央にまとめて酢水でゆるく絞った布巾をかけておきます。お杓文字についたご飯も残さずにまとめ、後始末を美しくね。お料理の佇《たたず》まいも、おいしさのうちですよ。

ばぁばの料理人生70年

ひとりもんぺ姿で青森から嫁いだ日

ばぁばが夫の清佐さんと結婚したのは22歳の時。終戦直後の昭和22年、青森からひとり汽車に乗り、約22時間かけて上野へ。東京・大森での新婚生活が始まった。「車窓から見える東京は、まだ敗戦の名残も生々しく、殺伐としていました。ああ、とんでもないところに来ちゃった…と、暗澹たる気持ちになったのを覚えています」

たけのこご飯

若竹椀

たけのこご飯

材料
材料
(4人分)

米 ………………………… 3カップ
ゆでたけのこ ………… 小2本分
だし汁 ………………… 3カップ強
A{酒・薄口しょうゆ各大さじ3、塩小さじ1強}
木の芽 ………………………… 適量

作り方

❶米は炊く1時間以上前に研いで、水加減をする。❷たけのこは穂先を縦半分に切って薄切りにし、根元側はいちょう切りにする。❸米の水をお玉で量りながらすくい出し、同量のだし汁と入れ替える。Aとたけのこを加えてひと混ぜして蓋をし、強火にかける。❹沸騰してきたら弱火にして13〜14分炊く。火を止め、10分ほど蒸らす。❺器にたけのこご飯を盛り、木の芽をあしらう。

若竹椀

材料

ゆでたけのこ(穂先)……中½本
わかめ……適量
だし汁……3カップ
A{塩小さじ1強、薄口しょうゆ小さじ1½、酒小さじ1}
木の芽……適量

作り方

❶たけのこはごく薄く切る。わかめは水でもどして食べやすく包丁を入れ、熱湯にくぐらせて冷水に取る。❷鍋にだし汁を煮立て、たけのことわかめを入れ、ひと煮してAで味を調える。器に盛り、吸い口に木の芽を添える。

下ごしらえは〝手間〟ではないの。
下ごしらえからがお料理なの。
すっぴんに紅差して「お化粧」とは
言わないでしょう？

春

と言えばたけのこ。ますます〝旬〟がぼやけてきている昨今にあって、秋の松茸同様に、春の到来を待たねば味わえないごちそうです。

それだけに喜びは深く、毎春、朝露を含んだ朝掘りのたけのこが京都から届きますと、あまりのうれしさにカゴに盛ってしばらく眺めてから、ゆでることにしています。

春のお野菜はしかし、瑞々しい生命力に満ちている分、えぐみやアクも強いのが特徴。たけのこに関して言えば、たけのこは掘り出した時点から甘みがアクへと変化し、時間とともにどんどん強くなります。店頭で購入したものはすべからく、しっかりアク抜きする必要があります。

面倒だからとここで手を抜きますと、せっかくの春が台なし。よく「どうすれば上手に手抜きができますか？」と聞かれることがありますけれど、そもそも手を抜くのに上手も下手もありません。基本的な手のかけ方を知らないのに、手を抜くことなどできるはずがないのです。これはお料理に限らず何でもそうだと思うのですが、基本をしっかり頭と体で覚えていれば、おのずと手際よい働き方がわかるものです。

さてさて、たけのこのアク抜きを済ませてしまいましょうか。

まず穂先を斜めに切り落とし、縦に包丁目を1本入れます。根元のかたい部分（ポツポツがある）を包丁で削り落とします。大きめの鍋にたっぷりと水を張り、たけのこ、米糠1カップ（なければ米の研ぎ汁、生米でも可）、赤唐辛子1〜2本を加えて強火にかけます。沸騰したら落とし蓋《ぶた》をし、吹きこぼれないように中火で40分〜1時間ほどゆでます。いちばん太い部分に竹串を刺し、すーっと通ればゆで上がり。ゆで汁につけたまま一晩置きます。これを「湯止め」と言います。

たけのこが冷めたら、ここが大切なポイントなのですが、皮をむき、割り箸の角でそっと薄皮を除き、身を磨いてください。このもうひと手間がたけのこの風味を上げ、食感をよくするのです。

たけのこご飯には、穂先は縦半分に切って薄切り、残りはいちょう切りにして使用します。若竹椀では穂先だけをせん切りにしてわかめと合わせますと、なんとも香りのよい、しゃきしゃきした食感が楽しめます。

お料理は経験で得た「知恵」の積み重ねです。数字にはできない勘を働かせ、プロセスを計算できることが、お料理上手の第一条件だと言えるでしょう。

ばぁばの料理人生70年

一男二女の母となり、子育てに追われる日々

1949年に長女の由紀子さんが誕生。続いて長男の恭佐さん、二女の久美子さんが誕生。子育てが一段落する40歳すぎまでは、専業主婦として家事に専念した。家庭料理が近所で評判となり、請われて自宅で「鈴木登紀子料理教室」を主宰。46歳から『きょうの料理』(NHK・Eテレ)への出演が始まった。孫たちとお風呂に入っている写真は多忙を極めた50代の時のもの。

青柳と
わけぎのぬた

材料
（4人分）

青柳 ……………………………… 100g
わけぎ ………………………… 6～8本
〈からし酢みそ〉
練りみそ（西京みそ・みりん各½カップ、砂糖大さじ2を混ぜて弱火で練ったもの）………大さじ5
溶きがらし ………………… 大さじ½
酢 …………………… 大さじ1½～2
酢・薄口しょうゆ …… 各小さじ1
塩 …………………………………… 少量

作り方

❶練りみそを作る。小鍋に西京みそと砂糖を入れて木杓子で混ぜ、みりんを２～３回に分けて加え混ぜてから、弱火にかけて絶えずかき混ぜる。木杓子ですくってみて、ぽってりと落ちるようになったら火を止めて冷ます。❷①の練りみそに溶きがらしと酢を加え混ぜ、からし酢みそを作る。❸青柳はざるに入れ、流水でふり洗いしてざるごと熱湯にさっとくぐらせる。すぐに冷水にとって冷まし、水気を切って酢小さじ１をふる。❹わけぎは塩を加えたたっぷりの熱湯に、根元のほうから鍋肌に沿わせて入れる。すぐに菜箸で裏返し、ひと呼吸おいてざるにとり、うちわであおいで冷ます。❺④のわけぎは２本ずつまな板に横に置き、根元から葉先に向けて包丁の背でしごいてぬめりを取る。２～３㎝長さに切って薄口しょうゆをふる。❻③の青柳と⑤のわけぎを合わせ、②のからし酢みそで和える。

春は和えもの。
みそを丹念に擂《す》っていた
お千代さんの姿が
今でも目に浮かびます。

た

けのこもさることながら、春の到来を実感するのは「和えもの」。木の芽和え、からし酢みそ和え、白和え、ごま和え…など、素材と調味料の合わせ方次第でうまみは千変万化。故郷・八戸の家でも、芽吹きの頃になりますと、母・お千代さんの「ぬた」が登場しました。

今でも鮮明に思い出すのは、春の夕暮れ、台所の板の間に大きな擂り鉢を据えてみそを丹念にすり、裏の小さな小さな畑から、山椒の若芽を摘んできてトントンとたたくお千代さんの姿。近所でも評判の料理上手だったお千代さんの表情には、ようやく訪れた北国の遅い春を楽しむ明るさがありました。

最近では青柳など貝類がたいそう高価になってしまって、質のよいものが手に入りにくくなりました。青柳の代わりに刺身用まぐろの赤身やいかなどをお使いになってもおいしいのよ。食べやすい大きさに切ってボウルに入れ、しょうゆ小さじ1をふってから、からし酢みそで和えてくださいね。

じゃがいもとベーコンのハイカラ煮

材料
材料（4人分）

- 男爵いも ………… 4個（600g）
- ベーコン（ブロック） ……… 200g
- サラダ油 …………………… 大さじ½
- 水 ……………………………… 2カップ
- 酒 ……………………………… 大さじ3
- 塩 ……………………………… 小さじ½
- 芽ねぎ（貝割れ大根や小ねぎでも可） ……………………………… 適量

作り方

❶男爵いもは4つに切って皮をむき、水に放してざるに上げる。ベーコンは1㎝厚さに切る。❷厚手の鍋にサラダ油を入れてよく熱し、濡れ布巾に鍋底を当てて冷ます。ベーコンを並べ入れて火に戻し、中火で焼いて脂を出す。全体に焼き色がつくまでじっくりと焼いて、取り出す。❸別の鍋にじゃがいもとベーコンを入れ、水、酒、塩を加えて強火にかける。煮立ちを待って強めの中火に直し、落とし蓋（なければアルミ箔）をかぶせて、じゃがいもがやわらかくなるまで煮る。途中で1度、鍋返し（両手で鍋を持ち、向こうから手前にあおるようにして中身の上下を返すこと）をして汁気を飛ばし、さらに鍋をゆすって粉ふきにする。❹器に盛り、芽ねぎを散らす。

「まんずまんず、
よお〜ぐおでやって
くんしゃらんしたごど〜！」

明治生まれの母・お千代さんは私の原点。みなさまに「おいしい」と言っていただける私のお料理も、子供の頃から母を見て学んだものです。

もちろん母も専業主婦でしたけれど、朝から晩まで立ち働いておりました。おまけに、「お千代さんの料理はおいしい」と近所で評判でしたから、よそのお家で結婚式や法事などがあると快くお手伝いに出向いていましたし、火鉢を前にひと息入れている時でも、やわらかい布で火鉢の縁をなでなでしているような人で、それこそ、うたた寝している姿など見たことがありません。

「空身《からみ》で行ったり来たりしないのよ」がお千代さんの口ぐせでした。

〝空身〟というのは手に何も持たないということ。つまり手を空けておくなということです。たとえば、お部屋を行き来する時に、テーブルの上の不要なものをしまう、お台所で使った道具を片付ける、コンロの上のお鍋の取っ手を、引っかからない向きに直す…。いったいいつ寝ているのだろう？　と不思議になるほど、とにかく働き者の母だったのです。

篆刻家《てんこく》（漢字書体の一種である篆書を印材に彫る彫刻家）だった父はお酒が大好きでしたから、晩酌は毎晩のこと。しょっちゅうお客様もありました。

母はどんな方がいらしても、「まんずまんず、よお〜ぐおでゃってくんしゃらんしたごど〜！」（まあ、よくお越しいただきました）と笑顔で出迎え、いそいそともてなしの支度に取りかかります。私もお給仕などのために、粗相があっては怒られる！　と緊張しながら、精いっぱい静かに…と心配りをしました。

母は手作りの足袋を左右、色を違えてはいて楽しんだり、当時の八戸ではちょっと垢抜けたハイカラな人でした。料理では好奇心旺盛で、いつものお料理もちょっと趣を変えてみたり、食材の組み合わせや彩りを工夫して、おいしい料理を生み出すことに心を砕いておりました。いつも母にくっついていた私は、魔法使いのような母の指先に見とれることしきり。撮影などで、盛りつけが美しいことを

「手がきれい」と表現しますが、母の手はまさに〝美しい〟のひと言でした。
美しい心は、美しい手の動きに宿ります。私もよく母から「ちゃんと手元を見なさい」と叱られましたが、包丁や菜箸をもつ手、お器を吟味する手、盛りつける指先の緊張感…。「目は口ほどにものを言う」と申しますが、手も同じように心もちを伝えるのですよ。

ばぁばの料理人生70年

料理研究家としてデビュー。全力疾走した50〜60代。

46才というのは、料理研究家としては遅咲きのデビューで、「全力で駆けっこしました」と笑う。

「50〜60才はもうとにかく忙しかったの。月のうち半分がお教室、半分が撮影。生徒さんも120人ぐらいいて、毎日てんてこ舞いでしたね」

料理教室、テレビや雑誌などの撮影…と、時には夜中まで及ぶことも。『きょうの料理』で2014年に放映されたばぁばのおせち料理は、60年におよぶ同番組の放映史上、ダントツの視聴率トップだったという。

ばぁばのお小言

おだしがだいじ

おだしは究極のインスタント料理です。

「暮れの忙しい時期や原稿に追われている時、私はおだしで大根を煮ます。たっぷりのおだしに乱切りにした大根を入れ、お酒とおしょうゆで調味してコトコトと火にかけるの。耳に温かな音、やさしい香り。大根のほろっとした甘みに癒されるわね」

「おだしは昆布」とは限りません。ふだんの食事には、かつおだしで充分です。

日本料理の基本はおいしいおだしです。「おだしをとる」と言うと、面倒だと思われるかたも多いと聞きますが、昆布やかつおの削り節、煮干しなどは、長い時間と手間をかけて作られる乾物。おだしはこれを水で煮出して短時間でとるものですから、いわばインスタント料理の元祖と言ってもよいのではないかしら。作ってみれば面倒ではありません。昆布とかつお節の合わせだしにしないと…なんて、難しく考えるよりも、作ってみること。ふだんのお食事には簡単なかつおだしで充分です。おだしでお料理は劇的に変わりますから、ぜひ覚えてください。

かつおだしのとり方 （作りやすい量）

①鍋に水5カップを静かに煮立たせて、そこにかつおの削り節を片手でむんずと2回つかみ入れる（約50g）。

②削り節の量はこれくらい。湯面からこんもりと顔を出す量を目安に、惜しみなく投入する。

③アクを引きながらふつふつとひと煮立ちするのを待つ。

④しっかりアクを引いて仕上げ。ひと煮立ちしたら火を止め、かたく絞った布巾か不織布のキッチンペーパーで漉す。絞るとだしが濁るので、自然に汁が切れるのを待つ。

お料理は算数ではありません。1＋1が必ずしも〃2〃にならないところが奥深いのです。

「お料理に引き算はありません。だからといって足し算もご名算！　にならないのが、お料理の妙なの。調味料は一度加えると、足すことはできても引くことはできません。でも、レシピの3倍量を作るからお塩も3倍で…はもってのほか。とんでもないお味になりますよ」

れんこんのつみれ椀

材料
（作りやすい量）

れんこん …… 約10cm分（200g）
小麦粉 …………………… 大さじ4
塩・酢 …………………… 各少量
だし汁 …………………… 2カップ
みそ・ねぎ ……………… 各適量

作り方

❶れんこんは皮をむき、酢を落とした水にさらしてからすり下ろし、水気を絞る。小麦粉と塩を加えよく混ぜる。❷鍋にだし汁を熱し、①をひと口大に丸めて静かに入れる。火が通ったらみそを溶き入れて火を止める。お椀に盛り、薄切りにしたねぎを散らす。

第2章　夏の食卓

明朗な食いしん坊になりなさい。元気な人が作るお料理はみんなを元気にしますよ。

「食べるのは好きだけど作るのはイヤって言う人もいるし、作るのは好きだけど上手ではない人もいる。これはね、生まれもったセンスなの。でも、『作ってみよう！』という心意気が大事。ある程度できればいいの。作っているうちに上手になるから。ばぁばみたいにね（笑い）」

七夕そうめん

七夕
そうめん

そうめん

作り方
（2人分）

❶鍋にたっぷりの湯をわかし、そうめん４束をバラバラとさばきながら鍋に入れる。すぐに菜箸で２～３回大きくかき混ぜ、袋の表示通りにゆでる。❷麺がゆであがったら一気にざるに上げてすぐに冷水にさらす。粗熱が取れたら、流水の下でよくもみ洗いをする。※そうめんをゆでる際、約5㎜幅の輪切りにしたししとう3枚を用意し、そこにそうめん適量を少し余裕をもって通してゆでて「柳そうめん」にする。麺が踊らない程度の湯温でゆでること。

つけつゆ

作り方
作りやすい量

❶鍋に水４カップ、みりん・薄口しょうゆ各１カップ、酒大さじ2、削り節大きくひとつかみを入れて中火にかけ、沸騰したら弱火で１～２分煮る。❷冷めたらきつく絞った布巾で濾し、冷蔵庫で保存。４～5日は保存可能。

おそうめんは、お洗濯をするようにジャブジャブとしっかり洗うことが肝要です。

「麺はすべからく、歯ごたえと喉ごしが身上です。冷麺はなおさらのこと、ツルツル、シコシコがごちそう。おそうめんはか細く見えて、もまれづよいですから、ゆでたあと、しっかり洗ってぬめりをよくよく取ることですよ」

熱いうちに
おそうめんを素手で触るのは
御法度ですよ。
脂《し》粉《ふん》の香りが移って、味を損ねます。

お

そうめんはゆで上がってからが勝負です。

すぐにざるに上げて冷水を勢いよくかけ、手早く粗熱を取ります。昔から、熱いうちにおそうめんに触ると手の脂やお化粧のお粉がついて味を損ねるから触れるべからず…と言います。くれぐれもお気をつけて。

粗熱が取れましたら、お洗濯をするように、流水の下でおそうめんをジャブジャブと洗います。おそうめんは意外と弾力がありますから、布巾をたゆたうようにやさしくもみ洗いするかのごとく、お水が澄むまでよくよく洗ってくださいね。その後、必ず氷水に入れて、麺をキュッと引き締めることをお忘れなく願います。

ゆで上がりこそが食べ頃。すぐにのびますから、薬味やめんつゆはあらかじめ食卓に用意しておき、万全の態勢で待ち構えることが大切です。また、手際よく支度できるよう、麺をゆでる前には流し台やそのまわりをきれいにしておくこともお忘れなく。これはおそうめんなどの麺類に限らず、野菜をゆでる場合など、お湯を扱うお料理の際の大切な心がけでもあります。

おそうめんに欠かせないめんつゆは、市販のものがいろいろ出回っておりますが、それぞれのご家庭の味をもっておかれるとよろしいと思います。

たとえばわが家のめんつゆは「4：1：1」。だし汁4カップ、みりん1カップ、薄口しょうゆ1カップの割合にお酒を少々。作り方もいたって簡単です。夏になりますと、私は少し多めに作って小分けにして瓶に入れ、冷蔵庫に常備します。ときに、梅干しを1個加え、酸味ともいえないほのかな風味とともに、さっぱりとおそうめんを楽しみます。4〜5日は日もちしますから、いつでもおそうめんが手軽にいただけます。天つゆとしても重宝いたしますよ。

一方、おそばを好まれるかたもいらっしゃるでしょう。そばつゆは少し濃いめの「3：1：1」、おだしはかつおの削り節と煮干し、昆布、宗田ぶしなどを使い、力強いお味にします。

作り方はと言いますと、水3カップに、頭とわたを除き松葉の形に開いた煮干しを10～15尾入れ、盃1杯の酒を足して1～2時間おきます。これにしょうゆとみりんを1カップずつ加えて出来上がり。さらに砂糖を大さじ2杯入れますと、よりコクのあるお味に仕上がります。あとはおそうめんのつけつゆ同様、かつおの削り節を1～2つかみ入れ、強火にかけてひと煮立ち。すぐに弱火にし、アクをていねいに取りながら1～2分煮て火を止め、冷めるのを待って漉します。こちらも冷蔵庫で4～5日保存が可能です。

おそうめんやおそばだけでは物足りないという時には、精進揚げ（野菜の天ぷら）やかき揚げを。腹持ちよく、栄養も補えます。ワンタンの皮をキュッとひねって揚げた「おひねり揚げ」もおすすめです。包丁でたたいたえびとねぎのみじん切りを合わせて酒と片栗と混ぜ、ワンタンの皮で包み、楊枝で止めて中温の油で揚げるだけ。お塩をふってアツアツを召し上がれ。

えびのかき揚げ

えびのかき揚げ

えびのかき揚げ

材料
(4人分)

さいまきえび
(小ぶりの車えび)……………12尾
三つ葉……………………………100g
〈衣〉
卵……………………………………1個
冷水……………………………1カップ
小麦粉…………………………1カップ
氷…………………………………少量
小麦粉…………………………小さじ4
揚げ油……………………………適量

作り方

❶さいまきえびは背わたを除き、殻をむく。三つ葉は2㎝長さに切る。❷衣を作る。計量カップに卵を割り入れて冷水を加え、合わせて1カップにする。大きめのボウルに移して太めの菜箸で白身をつまみ上げてよく切り、溶きほぐす。ふるった小麦粉と氷を加え、さっくりと混ぜる。❸小さいボウルか小鉢にえびと三つ葉を4等分して入れ、それぞれ小麦粉小さじ1を軽くふって軽く混ぜて②を大さじ3～4ずつ加える。大きめのスプーンで手早く混ぜてすくい、中温(170～180℃)に熱した揚げ油に静かに落とす。❹三つ葉が散らないように手早く菜箸で寄せてしばらく軽く押さえ、そのままゆっくりと一度返し、カリッとするまで揚げる。

天つゆ (作りやすい量)

作り方

❶水4カップ:みりん1カップ:薄口しょうゆ1カップが天つゆの基本。これに削り節と塩をプラスする。❷水とみりん、薄口しょうゆを鍋に合わせ、塩少量と削り節を大きくふたつかみ加えて、強火にかける。煮立ちを待ってすぐに弱火にし、1～2分煮出してそのまま冷ます。冷めたら濾して、瓶に詰めておく。

か

き揚げなど揚げものは面倒、あるいは時間がない…という場合には、「なすの油いり」がおすすめです。これを添えることで、つゆにもコクが出てお味もよくなりますし、香ばしいごま油が満足感を引き出してくれます。

作り方はとっても簡単。なすは４人分として３本用意し、きつく絞った布巾で汚れを拭きます。すぐに炒めるなら水には放しません。油がはねますから、洗って拭いて…は徒労。濡れ布巾で汚れを拭き取れば充分です。

なすのへたを切り落として長さを半分に切り、さらに縦半分に切ってから薄切りにします。フライパンにごま油大さじ3を熱し、なすを入れて中火でゆっくりと炒めてでき上がり。器に盛り、溶きがらしを添えます。なすの油いりは、みそ汁の具やつけ合わせにも使えますから、覚えておかれると重宝します。

お千代さんの「冷やし鉢」から学んだこと。

ばぁばは母・お千代さんの料理は何でも大好きでしたが、とくに好きだったのが、よくお千代さんが夏に作ってくれた「冷やし鉢」でした。いわゆる「煮もの」なのですが、わざわざ氷屋さんから氷を買って桶に敷き詰め、出来たての煮ものを鍋ごと入れて冷やすのです。煮ものは出来たてよりも一晩置いたもののほうがこっくりとおいしいのですが、お千代さんはすぐに家族に食べさせたいと、自分で急速冷蔵庫を作ったの。冷蔵庫などなかった昔、贅沢といえば贅沢ですが、つねにお料理をもっともおいしい状態で供することに心を砕いていた母らしい発想です。冬でも、雪に鍋ごと埋めて冷やしておりました。

温かいものはアツアツで、冷たいものはうんと冷たくしてお出しする。いつも母の傍に張りついていた私にも、その心意気はしっかりと植えつけられたのです。

ひと様の手を借りるのは、恥ではありませんよ。

「ある程度歳をとりましたらね、感謝の言葉を添えて、ひと様のご厚意には素直に甘えたほうがかわいげがあります。すみませんと言いながら、結局人にやらせる厚かましいばぁ様にはなりたくないわね。まずは〝ありがとう〟よ」

うざく

うざく

材料
(4人分)

きゅうり …………………………… 2本
うなぎのかば焼き …………… ½串
梅酢しょうが(あれば) …… 少量

〈合わせ酢〉
酢・だし汁 …………… 各大さじ2
砂糖・薄口しょうゆ … 各小さじ1

作り方

❶きゅうりは天地を落として小口切りにし、立て塩(3%濃度の塩水。水1カップに対して塩小さじ1強が目安)につけてしんなりさせ、きつく絞っておく。❷うなぎのかば焼きは軽く蒸すかオーブンで焼いてふっくらとさせ、食べよく切る。❸ボウルに①と合わせ酢大さじ3を入れて軽く混ぜ、②を加えてさっと和える。器に盛って梅酢しょうがの小口切りを天盛りにする。

ふっくらとしているほうが
具合いよく
長生きできるのかもしれない。
そう都合よく考えられるところも
長生きの秘訣なのね、きっと。

「生まれつき丈夫なのでしょうね。ダイエットも運動もしたことはございませんが、元気に走りまわっているうちに足腰も鍛えられたようです（笑い）。でもねえ、つくづく思いますよ。おいしいものを〝おいしい〟と感じられることが、何よりの幸せかもしれないと」

疲れた時は無理をしないの。
人生は短い、と言いますが
女の一生は案外長いものだから。

太ってしまいますと、夏場はちょっとしんどいですわね。

母も小柄でふっくらとした人でした。クーラーなどなかった昔むかし、暑い日はたいそう辛そうでしたが、お盆で正装してお寺へ行くとなると、もうそれは大変。水おしろいでお化粧をし、汗止めの天花粉をつけ…と、身づくろいをしている母の傍らで、私は大きなうちわでそよそよと母に風を送るのですが、あおいでもあおいでも汗が止まりません。さらに天花粉をはたいて、また汗が…で、しまいには歌舞伎役者のように真っ白。笑いを堪えるのに必至でした。

健康であるということはつくづくありがたいことです。丈夫に生んでくれた母に感謝ですが、ボーッと何もせずに過ごすことも好きます。私はまた、あまり大きな欲はもたないことにしております。お料理の仕上がりがたいそうよかった、今日はお肌の調子がよくてお粉のノリもいいわ…など、小さな幸せは日々の生活の中に転がっておりますもの。自分の身の丈に合った幸せをつくづくと感じるのです。

ばぁばのお小言

器と箸のカンケイ

配膳はどんな時でも飯碗を手前左、汁椀は右。箸と箸置きは手前一文字に。

「〝いただきます〟の後、まず箸を持つかたがほとんどだけれど、お茶碗など器を先に手に取るのが日本料理の作法です。それからお茶はお食事の最後にいただくものです。料理教室へのペットボトルのお茶の持ち込みはお断わりしております」

お茶碗とお箸の正しい順番と持ち方

❶配膳は飯碗を手前左、汁椀を右に置くのが基本。左利きの場合は、“いただきます”の後に、そっと並べ替えてOK。茶碗と汁椀が蓋付きなら、まず、両方の蓋を同時に取る。

❷大きいほうをすばやく裏返して小さいほうを受け取り、お膳の外に置く。

❸器を手に取り、掌にのせる。

❹箸先は揃えたまま箸の上のほうを軽く持ち、器を持つ手の中指の腹に箸先をのせる。

❺箸先を揃えたまま、空いた手の中指と人差し指で下から挟み、箸を持ち替える。

❻お料理をいただく。肘をつかない、音を立てて食べないのは言わずもがな。汁椀以外は器に口をつけたり、箸で流し込むのも御法度。

❼箸を置くときは逆の動作になる。箸先をふたたび器を持つ手の中指に戻す。

❽もう一方の手で上から箸を受け取るように持ち上げる。

❾器を手に持ったまま、箸を箸置きに戻す。空いた手を器に添え、お膳や折敷に器を静かに戻す。

箸と箸おきのカンケイ

箸置きにも、使用前・使用後の作法があります。

「お食事前のお箸は、先をちょっと出して箸置きに置かれているはずです。一度使ったら、箸先を必ず中指の第2関節の長さぐらい出して箸置きにお戻しくださいね。そうでないと箸置きがベタベタになります」

BEFORE

AFTER

しつこいようですけれど、「いただきます」の後、まず手に取るのは器ですよ。お箸ではありません。

私のお料理教室では、初めての生徒さんには必ず、お茶碗とお箸の持ち方を教えます。「いただきます」の後は十中八九、みなさんお箸を握られますが、お茶碗などお器を先に手に取るのが日本料理の作法です。

それから手皿。どうやら手をお箸の下で受け皿がわりにするのが〝上品〟と思われている風潮がございますが、これはとんでもない間違いです。必ず小皿をお使いになること。小皿がない場合には、お茶碗や汁椀の蓋を代用してもかまいません。

お料理には関係ございませんが、夏場によそ様のお宅へお伺いする際は、靴下を一足、バッグに忍ばせてお出かけなさいませ。絶対に素足で上がり込んでいけませんよ。汗をかいてバイ菌だらけになった足で他人さまのスリッパを履こうなんて無礼千万。ばぁばは、お料理教室の生徒さん、あるいはお客さま用に、万が一に備えて予備のストッキングをご用意しております。

また、「かばんの底は靴の底」とはパパの名言。靴の底と同じくらいバッグの底も汚れているという意味です。土足でソファにのらないのと同様、よそ様のお宅でバッグをソファにドサッと置かれたりしませんように。

骨つき ラムの有馬焼き

骨つきラムの有馬焼き

材料
（4人分）

ラム骨つき肉	8本
酒	大さじ4
しょうゆ	大さじ5
実ざんしょうの佃煮	大さじ2
サラダ油	大さじ1½
手まり麩	4個
だし汁	1カップ
みりん	大さじ2
薄口しょうゆ	大さじ1

作り方

❶バットに酒、しょうゆ、粗く刻んだ実ざんしょうの佃煮を合わせる。ラム骨つき肉を入れ、ときどき上下を返しながら5分ほどおく。❷フライパンを熱してサラダ油の半量を入れてなじませ、①のラム肉の半量を軽く汁気を切って並べ、強火で両面に焦げ目をつくまで焼く。焼けたら別皿に取り出し、フライパンをさっと洗って、残り半量のラム肉も同様に焼く。❸オーブンを250度に熱し、天板にオーブンシートを敷いて②を全部並べ、6〜7分焼く。❹だし汁、みりん、薄口しょうゆを小鍋に入れて煮立て、手まり麩を入れて紙蓋をし、弱火で3〜4分煮る。火を止めてそのまま冷ます。❺③を鍋に盛り、④を添える。

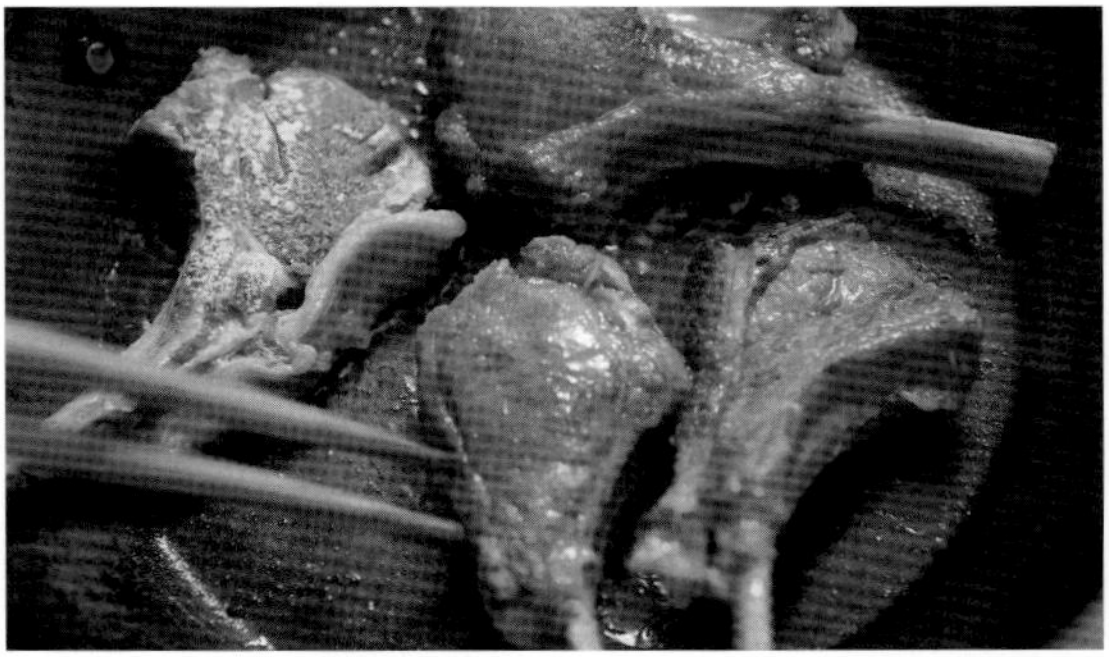

子供が巣立って残るのは夫婦。
最後には、老々介護になったけれど、
私たちはとても自由でした。

「結婚60周年のダイヤモンド婚を迎えた後から、パパを自宅で介護したのですが、2009年のある朝、パパはソファで眠るように永眠いたしました。突然逝ってしまったの。予兆でもあったら、大好物のステーキや天ぷら、お刺身を食べに連れていってあげたかったわねえ」

ベーコンのまぜご飯

材料
(2人分)

ベーコンブロック………… 100g
スイートコーン(缶詰)… 1/3カップ
ご飯……………… 茶碗4〜5杯分
塩……………………………小さじ1/4
焼きのり………………………… 1枚
青じそのせん切り……… 5枚分

作り方

❶ベーコンブロックは5㎜厚さに切る。スイートコーンはざるに取って汁気を切り、さらに布巾で包んでしっかり汁気を取っておく。❷フライパンを中火で熱し、ベーコンを入れて脂を出し、カリカリになるまでじっくり炒める。❸アツアツのご飯に塩をふり、手早く混ぜてからベーコンとコーンを散らしてまんべんなく木杓子でご飯になじませる。手で小さくちぎった焼きのりと青じそのせん切りを散らし、さっと混ぜる。

「ほっとした」これが父の死に際し、母が呟《つぶや》いたひと言でした。

「昭和6年に、父が亡くなりました。厳しい人でしたけれど、母にとって耐えがたい結婚生活だったとは思えません。父の死はきっと母にとって〝家庭〟という大仕事の締めくくりだったのでしょう。苦労の跡を見せない。たとえわが子に対しても愚痴はこぼさない。これは昔の女性のたしなみでもあったのです」

かぼちゃの甘煮

なすとピーマンの鍋しぎ

かぼちゃの甘煮

材料
（4人分）

かぼちゃ	600g	砂糖	大さじ6
水	適量	薄口しょうゆ	大さじ1

作り方

❶かぼちゃはスプーンで種とわたを取り除き、約3㎝幅に切ってから約4㎝長さに切り揃え、わたの部分を包丁で薄く切り取る。❷皮目をところどころ包丁で薄くむき取り、皮目の切り口の角をごく薄く削ぎ取って面取りをし、水に放してアク抜きをする。ざるに上げて水気を切り、鍋に皮目を下にして並べ入れ、ひたひたに水を注ぐ。❸砂糖、薄口しょうゆを加えて強火にかけ、あくをていねいにすくい取りながら煮立ちを待つ。煮立ったら強めの中火に落とし、アルミ箔の落とし蓋をして煮る。❹煮汁が少なくなってきたら1度だけ鍋を返し、煮汁がほぼなくなるまで煮る。バットにあけて冷ます。

なすとピーマンの鍋しぎ

材料
（作りやすい量）

なす	4本
ピーマン	4個
ごま油	大さじ4
酒・砂糖	各大さじ3
みりん	大さじ2
しょうゆ	大さじ1
八丁みそ	大さじ3
七味唐辛子	適量

作り方

❶なすとピーマンはへたを落として縦2つに切り（ピーマンは種とわたを除く）、食べよい大きさの乱切りにする。❷フライパンにごま油を熱してなすを入れ、中火でよく炒める。油がなじんだら酒・砂糖・みりん・しょうゆを加えて弱めの中火で炒め煮にする。❸なすがやわらかくなったらピーマンを加えてさっと混ぜ、ぬるま湯大さじ3で溶いた八丁みそを入れ、強火にして絡ませる。❹器に盛り、七味唐辛子をふる。

母の台所から香る
ごまとおみその懐かしい滋味を
鮮やかに記憶しております。

なすとピーマンの鍋しぎは、母の定番料理だった「なすのしぎ焼き」をもとに、ピーマンを加えてアレンジしたものです。

〝しぎ〟とは、おみそをつけて焼くお料理のことです。七輪があった昔、母は串になすを刺しておみそをつけ、炙り焼きにしておりました。母はよく、長火鉢の前でキセルをくゆらせながら、父の酒肴、食べ盛りの6人の子供たちの献立を思案してもいましたわね。その姿は小粋でね、長火鉢が似合う人でした。

なすはアク抜きしなくてよいですからね。水気があるとものすごくはねますから。油を使うときは、基本的に水に放すことはしません。かたく絞った布巾で表面の汚れをさっと拭けば充分。ピーマンもついでに拭いておきましょうね。

そうそう、ピーマンの種とわたを取るときですけれども、白いところが残らないようにていねいにわたは取ってくださいね。あそこが残っていると口当たりが気になって風味もガタ落ちです。また、乱切りにするとはいえ、めちゃくちゃに切っていいということではないのよ。目裁量でよいですから、それなりにちゃんとピーマンとなすの大きさを揃えてくださいね。

では、フライパンにサラダ油を大さじ4入れて熱します。炒めものですから、油が充分に熱くなってからなすを入れてください。ピーマンはなすに火が通ってから。ピーマンはさっと炒めるぐらいでよいの。完全に火が通ってしまったらクタクタになって色も落ちますでしょう。美しいなす紺と鮮やかな緑のコントラストが楽しみなお料理なのですから。

さて、ぬるま湯で溶いた八丁みそを入れていきますが、八丁みそは少しずつ湯を加えてダマダマにならないようにしっかり溶いてくださいね。最後にお酒をちょっと落とすとおいしくなるのよ。覚えておいて。これは酒肴にもご飯のおかずにもなる、とっても便利なおかずです。お弁当のおかずにもいいのよ。多めに作っておかれてもよいでしょう。夏はどうしても食事があっさりしがちですけれど、こういうのがあるとうれしいのです。

かぼちゃの甘煮の注意点はふたつだけ。水を入れすぎないこと、弱火にしないこと。かぼちゃに対しては弱気は損気ですよ。強気でまいりましょう。すると煮崩れせず、ほくほくとおいしいかぼちゃの煮ものになります。かぼちゃによって、煮汁がなくなってもかたい時は、水を少し足してください。

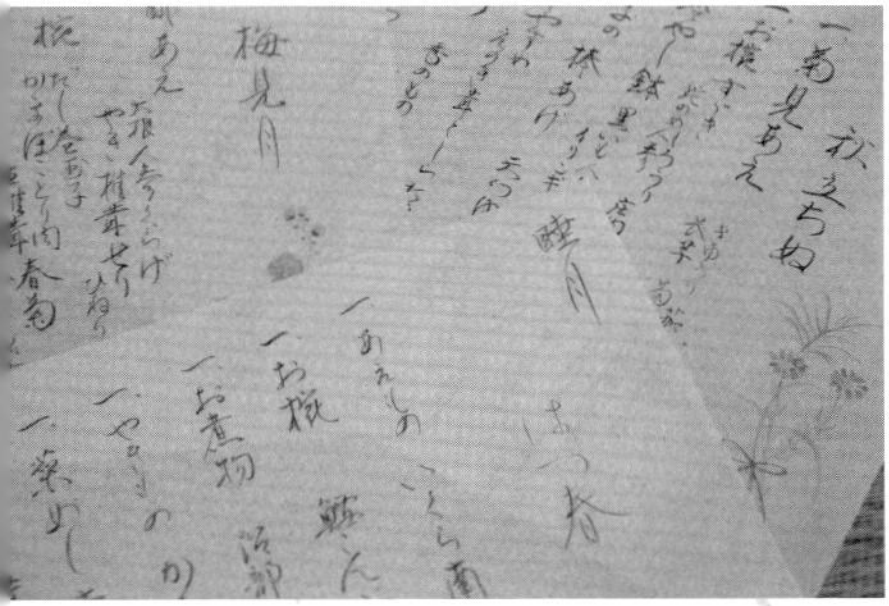

書き続けて
約半世紀。
料理教室用
手書きの献立

毎月、約10日間にわたって自宅で開催される「鈴木登紀子料理教室」。約半世紀続く、料理研究家・鈴木登紀子の原点だ。写真は教室で生徒さんに配布されるばぁばの手書きの献立。同じく手書きのレシピつき。教室ではばぁばの話と手元に集中するための計らいで、メモもご法度である。

立て塩サラダ

材料（作りやすい量）

大根 ……………………………… 400g
きゅうり ………………………… 2本
りんご …………………………… ½個
生しいたけ ……………………… 4枚
酒・しょうゆ …………… 各大さじ½
水 ……………………………… 6カップ
塩 …………………………… 大さじ2強
スモークサーモン …………… 5枚
〈ドレッシング〉
溶きがらし・薄口しょうゆ
…………………………… 各大さじ2
塩 …………………………… 小さじ⅓
酢 ……………………………… 大さじ3
オリーブ油 ………………… 大さじ5

作り方

❶大根は皮をむいて3㎝長さ・1㎝幅の薄い短冊に切る。きゅうりは天地を落とし、薄い小口切りにする。りんごは6等分して芯を取り、皮目の真ん中をむき取って、3〜4㎜厚さに切る。❷生しいたけは石突きを除き、きつく絞った布巾で笠の表面を拭く。焼き網を中火にかけてしいたけの笠を下にして並べ、香りが立つくらいに焼く。裏も軽く焼いてから酒、しょうゆを合わせた中に浸し、汁気を絞って薄切りにする。❸水6カップに対し塩大さじ1を混ぜた塩水にりんごを放し、すぐにざるに上げる。さらに塩大さじ1強を加え、大根ときゅうりを入れて軽く混ぜ、しんなりとするまで20〜30分置く。布巾に包んできつく絞る。❹②と③をボウルで混ぜて器に盛り、スモークサーモンで花型を作って上に飾る。❺ドレッシングをかけていただく。

立て塩は非常に効率的な下ごしらえの知恵です。

たて塩とは、海水と同じぐらいの濃度（3％）の塩水のことで、水1カップに対して塩小さじ1強ぐらいが目安。魚介類の下洗いや塩味をむらなくやわらかくつける時に使います。またクセを取る効果があるので、貝も立て塩につけて砂を吐かせますでしょう、あれです。

野菜ではどういう効果があるかと言いますと、立て塩につけた野菜は、しんなりとしているのに歯当たりがよく、ほんのりとした塩気でシンプルな味つけでもおいしくいただけるのです。また、立て塩でしんなりさせることで、かさが減りますから、野菜をたくさん食べることができます。とくにお酢との相性がよく、きゅうりを酢のものにする際には、避けて通ることができない下ごしらえです。

ただ、立て塩をしたあとに、しっかりと水気を絞ることが肝要です。素手に余るようであれば、ガーゼに包んでねじりながら、掌を合わせるようにしてギュッと絞ると苦労なく絞れます。ばぁばはこれを「拝み絞り〜」と呼んでおります。まさに仏様に手を合わせるが如く、一心にご参拝ください。きっとおいしい立て塩サラダになりますよ。

ばぁばの料理人生70年

人気ダントツ。40年目を迎えた「きょうの料理」の看板講師

ばぁばが『きょうの料理』（NHK Eテレ）でデビューした頃は、まだ日本の子供の4人にひとりが栄養失調の時代だった。母親が料理を楽しむことで家族全員が元気になれば…と、“普通の主婦”だったばぁばが抜擢された。本番ではつねにほぼ一発OK。NGをほとんど出さないのは、92歳になった今も変わらない。

ばぁばのお小言

めでたい長生きばぁさんを作る5カ条

「すみません」よりも
「ありがとう」と笑顔で。

「行ってらっしゃい」の後は
主婦の天下。
だから気持ちよく送り出し
温かく迎えなさい。

台所で愚痴らない。
イライラしない。
主婦の聖地は
笑顔で守るのですよ。

おいしいものを食べて
嫌なことは
ケロッと忘れちゃうの。

子供は宝。
でもパパが
いちばん大事。

第3章　秋の食卓

お料理はお化粧と同じです。下ごしらえをしっかりと、味つけはほんのりと。

「お料理の味は調味料で決まるのではありません。ていねいな下ごしらえと周到な段取りで決まるのです。下ごしらえで食材のもつうまみを最大限に引き出し、雑味を取り除く。手入れが行き届いたお肌の如く、濃厚なお化粧で隠す必要はないのです」

ばぁばの秋刀魚ご飯

ばぁばの秋刀魚ご飯

材料
（2人分）

- 米 ………………………… 2カップ
- 水 ………………………… 2カップ強
- 秋刀魚 ……………………… 2尾
- 酒・しょうゆ ……………… 各大さじ3
- 塩 ………………………… 小さじ⅓
- しょうがのみじん切り …… 大さじ3
- 炒りごま ………………… 大さじ4
- もみのり ………………… 1枚分
- 細ねぎ …………………… 10本

作り方

❶米は炊く1時間前に水加減をしておき、普通に炊く。❷秋刀魚はそれぞれ3枚におろして腹骨をすき取り、1枚を9切れほどのそぎ切りにする。②酒、しょうゆ大さじ2、塩をバットかボウルで合わせ、秋刀魚を入れて軽く混ぜて12〜13分置く。❸ご飯が炊きあがったら飯台などにあけ、しょうがのみじん切りを一面に散らす。その上に汁気をよくきった②、炒りごま、もみのりをのせ、しょうゆ大さじ1をふる。❹手早く上下を返しながらしゃもじで③を混ぜ、最後に小口切りにした細ねぎを散らす。細ねぎはあらかじめ葉先を取っておき、飾りにしてもいい。

秋刀魚が秋を連れてきました。
銀白に輝く今だけのお楽しみ。
味わい尽くしたいものです。

秋

刀魚はね、何と言っても塩をふって塩焼きでいただくのが一番。でも活きのよいものは、生のままご飯に混ぜるだけでおいしいのです。秋刀魚はスーパーでも三枚におろしてくれますから、下処理で躊躇《ちゅうちょ》なさらないこと。お料理の効率をあげる知恵は、手抜きとは言いません。

秋刀魚の煮おろし

材料
（4人分）

秋刀魚	2尾	みりん	大さじ3
片栗粉	適量	薄口しょうゆ	大さじ1½
サラダ油	½カップ	塩	少量
だし汁	1½カップ	大根おろし	1½カップ

作り方

❶秋刀魚2尾はそれぞれ3枚におろし、腹骨をすき取って1枚を5等分して切る。片栗粉を軽くまぶし、余分な粉を落とす。❷フライパンにサラダ油を中火で熱し、一旦火を止めて①を皮目を下にして並べる。ふたたび中火にかけて、軽く色づいたら返し、さっと火を通して取り出す。❸底の広い浅鍋にだし汁を煮立てて②を並べ、みりん,薄口しょうゆ、塩少量を加えてひと煮立ちさせる。❹大根おろしと赤唐辛子の少量をちらして火を止める。

大根が
甘くおいしくなる冬、
ばぁばも大好きな大根おろしは
軽く絞って
たっぷりとご用意ください。

秋刀魚の相棒といえば、大根おろし。日本人には周知のことですが、秋刀魚のこってりとした脂を、大根おろしに含まれるビタミンCなどの成分が分解してくれるのです。

根菜の滋味がどんどん深まっていく晩秋、みずみずしく甘い大根おろしは、おろし汁を捨てるのはもったいない気がします。秋刀魚の煮おろしは、そんなばぁばの「もったいない」を救ってくれる一品。秋刀魚はフライパンでもおいしく焼けるのがよいところで、お台所が脂と煙でモウモウになりませんし、ムニエル風で、塩焼きとはまた違った食感が楽しめます。

この煮おろしは、鯖《さば》や鶏もも肉で作ってもおいしいの。食欲のない時、ちょっと風邪を引きそう…なんていうときにもするすると食べられますから、覚えておくと便利ですよ。

秋刀魚の両妻折り焼き

秋刀魚の両妻折り焼き

材料
(2人分)

秋刀魚 …… 2尾
酒 …… 大さじ1
しょうゆ …… 大さじ1½
みりん …… 大さじ½
大根おろし・根しょうがの甘酢漬けなど …… 適量

作り方

❶秋刀魚はそれぞれ3枚におろし、腹骨をすき取る。❷バットに酒、しょうゆ、みりんを合わせ、①の皮目を下にして並べる。2〜3回、皮目と交互に返して味をなじませ、最後に身を下にして10分ほど寝かせる。途中、さらに何度か返しておく。❸まな板に②の秋刀魚を皮目を下にし、頭のほうを右にして置く。頭のほうから半身分くるりと巻き、金串か竹串を左向きに刺してとめる。尾先も同様に巻いて、右向きに串を刺す。❹③の皮目に×の焼きもの包丁を入れて、250℃に予熱したオーブンで6〜7分焼く(あるいは魚焼グリルで焦がさないよう焼く)。❺④が焼き上がったら串を回しながら抜き、口直しとして大根おろしと根しょうがの甘酢漬けなど、前盛りを添える。

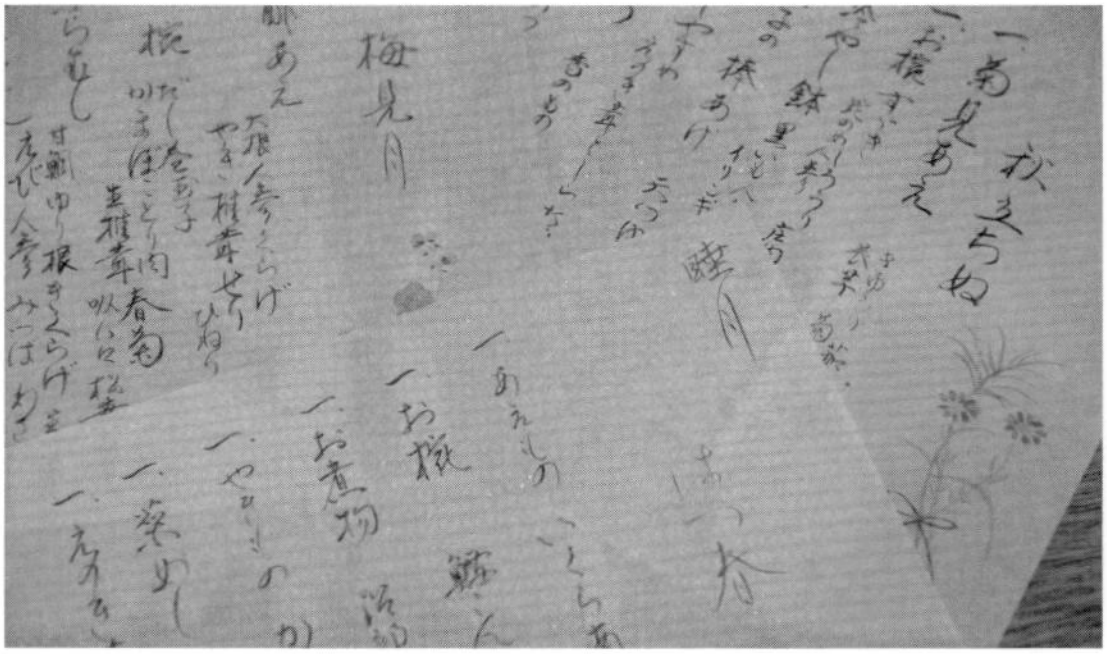

季節ごとに旬の食材があり、お料理がある。
ご自分で作れなくてもいいの。
こういう料理があって、こんなふうにおいしい。
それを知っていただければ上等。
お料理教室の意義はそこにあります。

「極論を言ってしまうと、おいしいものを食べるのが大好きなら、それでよいと思うの。食が分かる、作法が分かる。お料理についての引き出しがたくさんできる。おのずと体によいものを見分ける知恵がつきますでしょう？　それでもよろしいのよ」

にもかくにも、秋刀魚は活きのよいものを買い、わたを取らずに塩焼きにし、わたのほろ苦さとともに味わいつくすのが常道です。

と

まず、秋刀魚の皮目をさっと洗ってから、キッチンペーパーなどでよく水気を拭き取ります。それから、尺塩と言って、片手に軽く握った塩を、30cmほど上からパラパラと魚に落とします。こうすると魚にまんべんなく塩をふることができ、焼き上がりも美しくなります。尺塩ができるようになったら、ちょっと格好よろしいわよ（笑い）。

切り身でも尾頭《おかしら》つきでも、通常は「焼く直前に塩をふる」のが基本。しかし、脂のよくのった秋刀魚や鰯《いわし》、鯖《さば》、鰤《ぶり》などは焼く30分前くらいがよろしいでしょう。脂が強い魚は塩が効きにくく、焼く直前に塩をしたのでは上手に回らずに、うまみも引き出されないからです。

さあ、いよいよ秋刀魚を焼きましょう。ここで注意していただきたいのが秋刀魚を焼く向きです。一尾づけの魚は器に盛りつける際、必ず左に頭、右に尾、腹を手前に盛るのが日本料理のしきたりです。これを念頭において、頭が左になる面を最初に焼きます。後から焼く面は、脂がにじんだり、落ちた脂が燃えてすっきり焼き上がらないのが常だからです。

火加減は昔から「遠火の強火」が鉄則です。ご家庭の引き出し式グリルでしたら、1回目は時々開けて焼け具合を確認、2回目は焼き上がりの少し前が分かるようになり、3回目ですっかりマスターするでしょう。また、串などで突いて小さな穴を細かく開けたアルミ箔をかぶせるなどの工夫で、焦げつきを防ぐことができます。いっそ、うすくサラダ油をひいてフライパンで焼いたり、切り身でしたらオーブンで焼くと、ふっくら焼き上がります。

ささ、たっぷりの大根おろしを添え、すだちなどをぎゅっと搾って、アツアツを召し上がれ！

第4章

ばぁばのおひとり様ごはん

ひとりもまた愉しや

どんなに忙しくても3食きちんと食べること。
ひとりでもちんまりしたお膳にしないこと。
残ってもお化粧直ししやすい食材を
メインにすること。
時にはワンプレートで、
無駄なくおいしく、楽しく！

ひとりも
また
愉しや

パパが逝った後5年間、
ひとり暮らしをいたしました。
ひとりでも人生は続きます。
命が喜ぶ食事を摂ること。
保存できるものなら
無駄になりません。

すきやき

材料

〈割り下〉
〈水4カップ、削り節大きくひとつかみ、みりん・しょうゆ各1カップ、砂糖大さじ10〉

牛切り落とし肉・焼き豆腐、・しらたき・ねぎ・春菊 …… 各適量
生卵 …… 1個
牛脂 …… 少量

作り方

❶割り下を作る。鍋に水を張って火にかけ、沸騰したら削り節を入れて中弱火でふつふつと5分ほど煮る。漉し器で漉してふたたび中火にかけ、調味料を入れて弱火で3分ほど軽く煮詰める。❷鉄鍋を熱し、牛脂をならす。牛肉を入れて軽く焼き、①を適量張る。焼き豆腐はじめ残りの具材を入れて煮、生卵に絡めながらいただく。

す

きやきは、最初のお肉はとてもおいしいのですが、飽きやすいのが難点。そこで、甘さを抑えたさっぱりめの割り下を使います。切り落とし肉でもふっくらとして、結構いただけますよ。シメにはやはりおうどんが合いますわね。残った割り下でさっと和えるように合わせてください。

ひとりもまた愉しや

個別包装されているおもちは、
いつでもひとり分が作れて便利。
野菜と一緒に小口切りにして
食べやすくすること。
スプーンでどうぞ。

おもちのビーンスープ仕立て

材料

生しいたけ	1枚	だし汁	1½カップ
キドニービーンズ（缶詰）	適量	塩	小さじ⅓
セロリ	3cm分	薄口しょうゆ	少量
ベーコン	少量	酒	小さじ1
もち	1個		

作り方

❶生しいたけは軸を除いて笠を拭き、小角切りにする。セロリ、ベーコン、もちも小角切りに揃える。❷鍋にだし汁を入れ、塩、薄口しょうゆ、酒を加えてひと煮立ちさせる。❸②にもち以外の①とキドニービンズを加える。❹もちをオーブントースターなどでこんがりと焼く。器に入れ、③を具ごとかける。

お

もちもつまりは形の違うご飯。しかもひとり人分がすぐに作れますから、ちょっと小腹が空いた時や、食事をさっと済ませたい時はとても都合がよいの。どんなものとも合うがうれしいわね。ビーンスープ仕立ては、焼きもちの香ばしさとあっさりスープが朝食にもぴったりです。

ひとりもまた愉しや

根菜類は滋養がある分、
アクも強いのです。
煮ものは見栄えと
口当たりのよさが身上。
下ごしらえが何よりも肝要ですよ。

里いもと豚バラ肉の煮もの

材料
（作りやすい量）

里いも（中） ………………………… 6個
豚バラ肉かたまり ………… 150g
赤唐辛子 …………… 輪切り少量
A〈だし2カップ、酒・砂糖・しょうゆ各大さじ1½、みりん大さじ1〉

作り方

❶里いもは天地を落とし、下から上へ皮をむいてふたつに切る。鍋に里いもを入れ、かぶるくらいの水を加えて強火にかける。グラッときたら火を止めて流水をかけながらざるに上げてゆでこぼす。これを3回繰り返してぬめりを取る。❷豚バラ肉はひと口大に切る。❸鍋にAを入れて、里いもと豚バラ肉を加えて強火にかける。煮立ったら弱めの中火に直し、赤唐辛子を加えて落とし蓋をし、煮汁がなくなるまで煮る。

寒くなればなるほどうまみを増す根菜は、やはり煮ものでほっくりと味わいたいですね。冷める時に味が染みますから、多めに作っておいて保存するのにもぴったりです。味つけを薄めにしておきますと、飽きずにいただけます。

ひとりも
また
愉しや

牛肉のうまみがしみたじゃがいもは
やさしい甘辛でほっとします。
少し多めに作っておいて、
翌日は卵とじでいかが?

肉じゃが

材料
（作りやすい量）

牛薄切り肉 ……………………120g
じゃがいも ……… 大2個（250g）
玉ねぎ大 …………………………… ½個

A〈だし2カップ、酒・しょうゆ各大さじ1½、砂糖大さじ2、みりん大さじ½〉・サラダ油大さじ1

作り方

❶じゃがいもはたわしでこすり荒いし、縦４つに割り、さらに２分割する。皮をむいて４〜５分間水に放しざるに上げる。❷玉ねぎは皮をむいて縦半分に切り、線維に沿って１㎝幅に切る。牛肉はひと口大に切ってほぐす。❸鍋にサラダ油を入れて熱し、火から下ろして鍋底を濡れ布巾にあてて冷ます。牛肉を入れて鍋を火に戻し、中火で肉をさっと炒め、色が変わったら玉ねぎを入れる。じゃがいもを加えて炒め合わせる。❹Aを加え、強火にする。煮立ったらアクを取り強めの中火にし、落とし蓋をして煮る。❺焦げつきを防ぐために途中で鍋返しをする（落とし蓋を取って、鍋の手前から向こうに大きく煽って具の上下を入れ替えること）。汁気が少し残る程度で火を止めてバットにあけ、粗熱を取って器に盛る。

調味料を足して煮汁がなくなるまで煮詰めた「汁なし肉じゃが」もおすすめです。肉じゃがの〈A〉の調味料をだし1カップ、砂糖大さじ3、しょうゆ大さじ2½にし、汁気がほぼなくなるまで煮ます。ほくほくでしっかりとした歯ごたえと濃厚な味わいが楽しめます。翌日は卵とじにしてご飯にのせてもおいしいですよ。

ひとりも
また
愉しや

鮭の切り身がお安い時に
まとめて揚げて
漬けておけばよろしいの。
お正月のひと品にもなります。
長ねぎをたっぷりとね。

鮭の南蛮酢

鮭の南蛮酢

材料
（4人分）

生鮭 ……………… 4切れ
塩・こしょう ……………… 各少量
片栗粉 ……………… 適量
揚げ油 ……………… 適量
長ねぎ ……………… ⅔本
にんじん ……………… 40g
セロリ ……………… 1本

〈南蛮酢〉
酢 ……………… ⅔カップ
だし汁 ……………… 1カップ
塩 ……………… 小さじ1
薄口しょうゆ ……………… 大さじ1
赤唐辛子
（小口切り） ……………… 1本分

作り方

❶生鮭は1切れを5〜6切れに薄くそぎ切りにし、塩こしょうする。❷ねぎは3㎝長さのぶつ切りにし、芯を除いて5㎜幅の短冊切りにする。セロリは筋を取り、にんじんは皮をむき、それぞれ4㎝長さ、5〜6㎜幅の短冊切りにする。❸バットに南蛮酢の材料を合わせ、下に南蛮酢がたまるように斜めに置き、上に②の野菜を寄せておく。❹揚げ油を180度に熱し、ガーゼに包んだ片栗粉を鮭にポンポンとはたきつけながら、油に落として揚げる。まわりがカリッとなったら南蛮酢にジュッと浸し、セロリ、にんじん、ねぎを順にかぶせてバットの上のほうへ移す。これを4〜5回繰り返し、鮭をすべて揚げ終わったら平らにする。器に盛り、赤唐辛子を1本（材料外）飾る。

甘みの入らないさっぱり味の南蛮酢です。身くずれを防ぎたいのと、つきあわせのお野菜はシャキッと食べていただきたいので、バットを傾け、揚げた鮭だけをつけるのがばぁば流です。鮭は5〜6回に分けて揚げます。熱々もおいしいのですが、冷やして前菜風にいただくのがおすすめ。密封容器に入れ、4〜5日冷蔵保存が可能です。

私たちに言葉は不要でした。

パパは生涯、お料理をすることはもちろん、お台所に立つこともありませんでした。無口で、あれこれ言う人ではありませんでしたが、ご飯がやわらかかったり、おかずがお気に召さないと、じっーと私の顔を見つめるだけ（笑い）。まず喧嘩にはならなかったわね。私が一方的に話してパパが黙って聞き、ひと言返して終わり。夫婦の会話…というよりも、お互いの気持ちを慮《おもんぱか》る。阿吽《あうん》の呼吸を体得しながらの60年間だった気がします。

老々介護となった晩年、パパは私の姿が見えないと心配になるのか、撮影の時もちらりと〝確認〟しに来たり、私が地方ロケで不在の際には、お泊まり先の娘宅で「妻《さい》はどうした？」と夜中にむっくり起き出したり…。お風呂も一緒に入っておりました。髪も私が洗って…。生まれかわっても、やっぱり私はパパがいいわ。

ばぁばのお小言

これだけはお守りください

お布巾はケチらずに
スマホは触らずに
お箸は直に置かずに
ひと様の世話は焼かない。

ばぁばの料理は
これがなくちゃ始まらない

4種の神器

布巾

お料理教室の準備で、まっ先に用意するのが布巾。包丁や菜箸、まな板の拭き取り用、食器専用、そして台布巾と、用途に合わせてとっかえひっかえ使えるように大量に用意する。「布巾を使うたびに水洗いしていたのでは、またビシャビシャになりますからね」

お膳（折敷）と箸置き

お料理教室では、必ずお盆か折敷に箸と箸置きがセットされる。「できればご家族分だけでも、各人のお盆を用意し、そこにお料理をセットすることで、さあお行儀よくいただきましょうというという心がまえが出てきます」

取り箸

「大皿料理や漬けものには、必ず取り箸と小皿を用意します。直箸はお行儀が悪いのです。粗相があっては大変ですから、他人様の分までお取り分けするのは控えましょう。ご自分の分を頂戴して、『お先に』と声をかけながら、お隣のかたにお渡しください」

調味料

さしすせその調味料を、軽量スプーンとともに作業台に準備。すぐに片手だけで調味ができ、慌てることがない。

第5章　冬の食卓

お酒は飲みすぎなければ良薬。お料理にとりましても、大変結構な特効薬なのです。

「私はお酒を嗜《たしな》みませんが、娘たちに言わせますと、お酒は心身を活性化してくれる良薬なのだそうです（笑い）。お料理でも然《しか》り。風味が上がりますし、例えば、鯖や鯵など青魚の焼きも日本酒をひと塗りして焼きますと、口当たりが軽やかになります。お試しあれ」

色のついた爪でお料理など、
昔はとんでもないことでした。
でも、私のような年寄りの手は
素のままでは見苦しいの。

お

料理の撮影などで、よく「手がきれい」という表現をいたします。これは、できあがったお料理の色や形、そして盛りつけが美しいことを意味します。

その第一手となるのが、包丁さばき。昔から武道でも芸の道でも、名人・達人の動きには無駄がないと言われますが、包丁でものを切る時も同様です。グーで握ってはいけませんよ。人差し指を包丁の柄の背に軽く這わせて握ります。人差し指で舵取りをすることで、滑りやブレを抑えるわけです。

一般的に、野菜は向こう側に包丁の先のほうを軽く突き出すようにして切り、魚や肉は刃先を少し浮かせ気味にして手前にスーッと引いてきり、豆腐やのりは刃の中央を使い包丁の重みで押して切ります。かぼちゃやさつまいも、じゃがいもなどの硬い野菜は、あえて包丁をグーで握り、力を入れて上から押すようにして切ります。肩の力は抜きましょう。力んでおりますと、手の動きが鈍ります。切るという作業に、力はさほど必要ないのです。

お刺身に添える「けん」と「つま」。さて、白髪大根はどちらでしょう?

盛りつけはまぐろの平作りから始め、「けん」や「つま」を挟みながら彩りを考えてレイアウトしていく。最後にわさびやからしなどの「辛み」を添える。

お刺身は舟盛りが手軽ではありますが、できればさくで買って食べる直前に切るほうが美味です。その際、忘れてはならないのが「けん」「つま」「辛み」。「けん」は栄養のバランスを取ったり、消化を助けたりするもので、白髪大根やきゅうりの小口切り、わかめなどがあります。みょうがのせん切りもよろしいの。

よく白髪大根を「つま」と呼ぶのを聞きますが、大きな間違いです。「つま」はお刺身に風味と彩りを添え、薬味にもなるもの。防風、貝割れ菜、花穂、青じそ、あさつきなどがあります。

刺身盛り合わせのポイント

まぐろなどの身のやわらかい魚は、包丁の刃先をあて、手前にすっと引くようにして1㎝幅の平作りにする。身の締まった鯛や平目などは薄い平作りかそぎ切りに、いかや鯵などは包丁の刃先を使った細切りが合う。帆立は切り込みを入れて芽ねぎを挟むと立体感が出る。

盛りつけはまず「けん」から。大根、長ねぎはそれぞれ白髪大根と白髪ねぎにする。せん切りにしてから冷水に放してパリッとさせてから、布巾に包んで絞る。このほか針しょうがやみょうがのせん切りもよい。「けん」は2〜3種類用意すると盛りつけが華やかに。

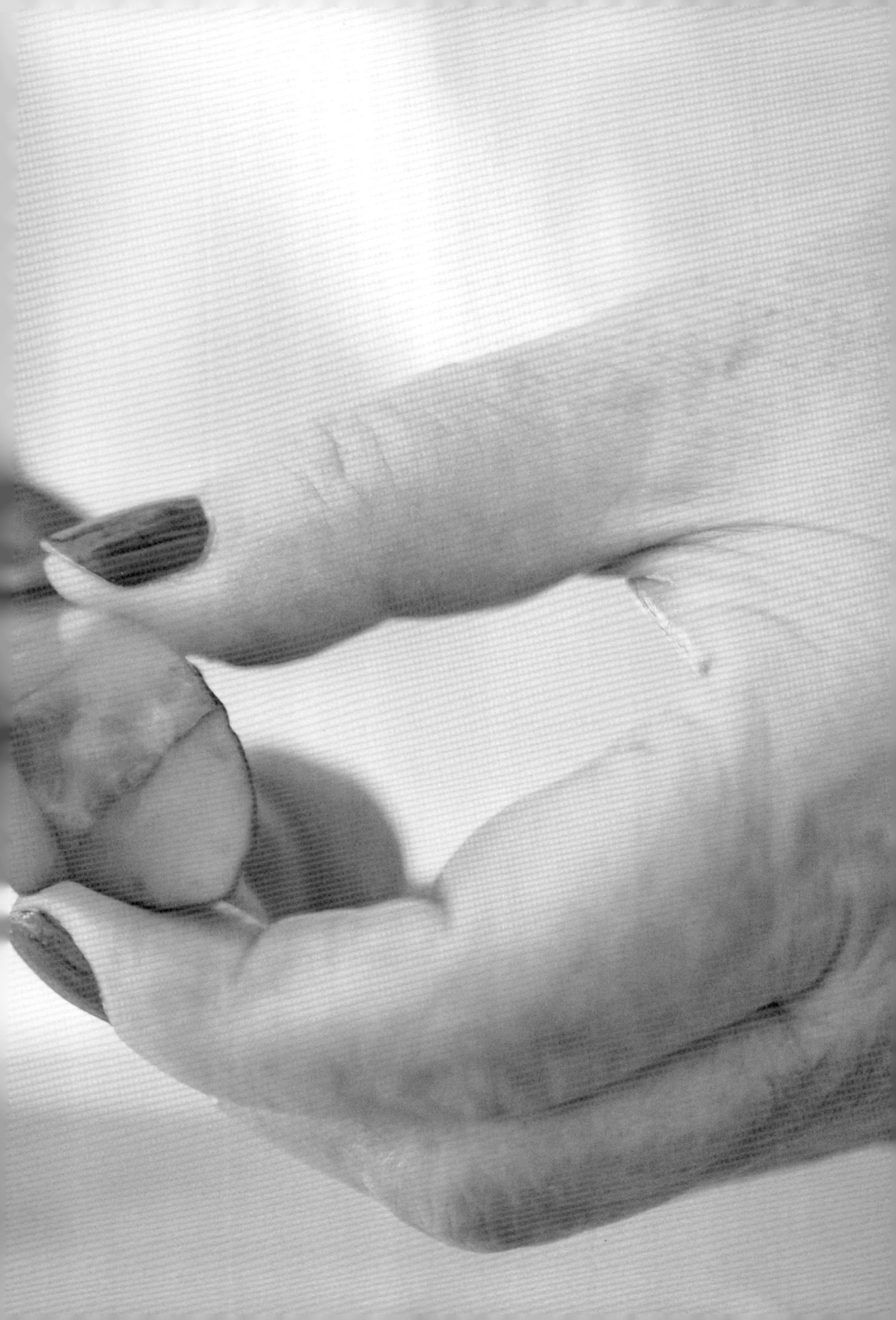

大根の南蛮煮

大根ステーキ

大根の南蛮煮

材料
（作りやすい量）

大根 …… 500g
A〈酒・砂糖各大さじ1½、みりん大さじ½、しょうゆ大さじ1
ごま油 …… 大さじ2
赤唐辛子 …… 少量
大根葉のみじん切り …… 適量

作り方

❶大根は皮をむき、1㎝幅の短冊切りにする。❷鍋にごま油を熱し、大根を強火で炒める。Aと赤唐辛子を加えてさらに炒め、大根がしんなりしたら強めの中火にし、アルミ箔をかぶせる。時折ひと混ぜしながら汁気がなくなるまで煮る。❸バットに②をあけて粗熱を取り、器に盛って大根葉を散らす。

大根ステーキ

材料（作りやすい量）

大根 …… 約9㎝分
米のとぎ汁 …… 適量
サラダ油 …… 大さじ2
だし汁 …… 1カップ
帆立の缶詰 …… 1缶
酒 …… 大さじ1
塩 …… 小さじ⅓
薄口しょうゆ …… 小さじ½
水溶き片栗粉 …… 片栗粉大さじ⅔、水大さじ1
三つ葉 …… 適量

作り方

❶大根は1.5㎝厚さの輪切りにしたものを6枚作る。皮をむいて鍋に入れ、かぶるくらいの米の研ぎ汁を加えて、竹串がすっと通るぐらいまでゆでる。❷①を水を張ったボウルに取り、キッチンペーパーで水気をよく拭き取る。表面に格子の包丁目を入れておく。❸フライパンを熱してサラダ油を引き、大根を並べる。弱めの中火で大根にほんのり焦げ目がつくまでゆっくり焼き、返して同様に焼き目をつける。❹鍋にだし汁1カップを煮立て、帆立を汁とともに崩しながら入れる。酒、塩、薄口しょうゆを順に加えて味を調え、水溶き片栗粉を加えてとろみをつける。❺器に大根を盛って④をかけ、三つ葉を散らす。

大根を切っていて
「コマッタ、コマッタ」と
聞こえるようなら、
包丁の研ぎ時ですよ。

1

年中出回っておりますが、大根ほど旬を感じさせるお野菜はありません。

皮が厚く身は硬く、苦味と辛みが強くておろそうが煮ようがどうにもおいしくなかった大根が、繊維が透き通るようにやわらかく、歯ざわりはサクリとほんのり甘くなってきますと、冬の深まりを体感するのです。

そんな大根は、1本買ってもあっという間に使い切ってしまいます。そのままを味わう大根おろしや、せん切りにしてのお正月のなますやサラダはもちろんのこと、厚めの輪切りにしてふろ吹き大根やおでんに、ごくごく薄い輪切りにして甘酢漬け、それもゆずの皮をくるくると包んで漬けて置けば、焼きものの添え盛りにも重宝します。ちなみに、せん切りには繊維に沿って切る「縦せん切り」と、繊維を断ち切る「横せん切り」があり、縦せん切りはサクサクと滑りのよい音が、横せん切りはジョリジョリと鈍い音がいたします。シャキシャキとした冬大根の歯触りを楽しむなら縦せん切りにいたしますよ。お間違えないように。

〝料理研究家〟と呼ばれますけれど、はて、何か研究したかしら（笑い）？

「子供の頃からたいそうお転婆で、女学校時代はバスケット部で大活躍しておりました。母のお手伝いは好きで家事は苦になりませんでしたけれど、お勉強はからきしダメ。そうそう、料理研究家が書く〝大さじ1〟も鵜呑みにしちゃダメよ（笑い）。味を見ながらでないと、しょっぱすぎたりしますからね」

たらちり

たらちり

材料
（作りやすい量）

生だら ………… 4切れ
絹ごし豆腐 ………… 1丁
春菊、せりなど青菜 ………… 適量
だし昆布 ………… 10cm長さを2枚
だし汁 ………… 12カップ
酒 ………… 大さじ3
塩 ………… 大さじ1½
薄口しょうゆ ………… 適量
紅葉おろし・だいだいの搾り汁 ………… 適量

作り方

❶たらは活きのよいものを用意する。だし昆布はかたく絞った布巾で表面をさっと拭いて土鍋に敷き、だし汁を入れておく。❷春菊など青菜は洗ってざく切りにする。豆腐は大きめに切る。❸土鍋を煮立て、酒と塩を入れる。たら、豆腐、青菜を適量ずつ加えて煮ながら、紅葉おろしやだいだいの搾り汁を加えた薄口しょうゆなどでいただく。

「湯豆腐や　いのちのはてのうすあかり」――久保田万太郎

朝

夕の冷え込みが厳しくなりますと、ふと思い出しますのが久保田万太郎さんの一句。ともに暮らしていた女性が急逝し、そのお通夜で詠んだもので、鍋にゆらりとほの白く浮かぶ豆腐に亡き恋人を思うという、有名な句です。

万太郎さんはお豆腐が大好物で、ほかにもお豆腐を詠んだものが何句かありますが、この一句が醸し出す豆腐の風情には胸を衝かれる思いがいたします。そうして私も、いそいそと湯豆腐の支度をするのですが、豆腐がゆぅらりと揺らいだらすぐに器にとり、ごくシンプルなお薬味で熱いところをいただくのが好きです。よい生たらが手に入ったら、たらちりにして楽しむのもよろしいわね。

北国ご飯と豚汁

豚汁

材料
（4人分）

大根	100g
にんじん・ごぼう	各50g
里いも	3個
豚薄切り肉	200g
だし汁	4½カップ
酒	大さじ1
みそ	大さじ3〜4

作り方

❶大根は皮をむいて2〜3㎜厚さのいちょう切りに、にんじんは細めのところを4〜5㎜厚さの輪切りにし、皮をくるくるとむいて大根と一緒に水に放してすぐにざるに上げる。❷ごぼうはたわしでよくこすり洗いをして斜め薄切りにし、酢を1〜2滴落とした水に放して水の色が変わったらすぐに洗って水を切る。大根、にんじんと合わせておく。❸里いもはたわしでこすり洗いして天地（上下）を少し切り落とし、下から上に皮をむき上げる。厚みを2つに切って水洗いする。❹鍋に①〜③、だし汁を入れて強火にかける。煮立ちを待って弱めの中火に直し、食べやすく切った豚薄切り肉を入れ、あくをていねいに引きながら15分ほど煮る。里いもを竹串で刺してすっと通ったら酒大さじ1を加えて、みそを溶き入れる。

北国ご飯

材料

米	3カップ	あさつき（小口ねぎでも可）	適量
だし汁	適量	酒	大さじ3
帆立貝の缶詰	2缶	塩	小さじ⅔
にんじん・ごぼう	各50g	薄口しょうゆ	大さじ1½
しょうが	1片		

作り方

❶米3カップは炊く1時間前にとぎ、3カップの水を加えておく。炊く直前に鍋をかたむけてお玉で水をすくい取り、その分のだし汁と帆立貝の缶汁を合わせて入れ、調味料を加えてひと混ぜしておく。❷帆立貝（缶詰2缶分）は粗くほぐし、にんじんは皮をむいて5～6㎜角に切る。ごぼうはささがきに、しょうがはせん切り、あさつき（小口ねぎでも可）適量は小口切りにする。❸鍋に米、にんじん、ごぼう、酒、塩、薄口しょうゆを加え、ひと混ぜして強火にかける。沸騰したら帆立貝を入れ、再度沸騰後、ごく弱火にして13～14分炊く。最後に一瞬強火にして水分を飛ばして火を止める。❹10分蒸らして飯台にあけ、しょうがをふってふんわりと混ぜる。器に盛り、あさつきを散らす。
＊炊飯器で炊く場合は、沸騰してきたら手早く帆立貝を投入。

死ぬまでに一度海外でお料理教室をやってみたいの。

「2012年、お友だちと英国へ行きました。あちらのジャンボ・マッシュルームがたいそうおいしくて、これを粟麩と炊き合わせたらどうかしら…と考えておりました。現地で手に入る材料で卵焼きや豚汁など、ごく普通の日本の家庭料理を教えてみたいですわねぇ…」

豚汁には里いもを使うのがお千代さん流でした。

私が幼かった頃、故郷の青森ではお肉というと牛よりも豚でした。実家の近くで新鮮でおいしい豚肉が手に入ったこともあって、母はよく野菜をたっぷり合わせた豚汁を作ってくれました。

母は、おいもはじゃがいもではなく、里いもを好んで使いました。食べ盛りの子供が6人もおりましたから、栄養も満足感もいっぺんに得られる豚汁は好都合。腹もちも考えて、里いもにしたのかもしれません。私も里いもを使いますが、さつまいもにしてもよろしいのよ。きのこ類や厚揚げ、練りものを入れてもよいですし、冷蔵庫の残りものをまとめるのにもぴったり。多めに作ったほうが具材のうまみが溶け合い、味に深みが出ます。

煮もので何が大切かと言えば、とにかく、具材の種類が多い時はとくに、それぞれに必要な下ごしらえで手を抜かないことです。「どうせ、全部一緒くたになるんだから…」と、ズルしちゃダメですよ。アクまみれでドロドロの腹黒い豚汁になりますからね。

下ごしらえが終わりましたら、大きめの鍋に豚肉と長ねぎ以外の具材とだし汁を入れて強火にかけます。沸騰したら中火に落として、みそを大さじ1加え、野菜がやわらかくなるまで煮ます。みそをここでちょっと入れて下味をつけるのが大事。また、形が崩れますから、ガチャガチャいじっちゃダメよ。そもそもみなさん、何でもいじりすぎなの。あっちこっちやられて小突かれたら、具材もおいしくなっているヒマがないでしょう？　待つのも料理のうちなのです。

さて、次に豚肉を入れます。豚肉はロースでもこま切れでも結構ですが、脂身がそれなりについているほうが味にコクが出ます。
煮立ってきますとアクがわっと出ます。アクの出る材料が多いですから、しっかりすくい取りますよ。ここで手を抜きますと、せっかくの下ごしらえも徒労に終わりますから、くれぐれもていねいに。

ばぁばの料理人生70年

パパとの思い出が詰まった
スイスでのバカンス

清佐さんが定年退職後、11年にわたり毎年6月には、夫婦でスイスへ3週間のバカンスに出かけるのが恒例となった。長女の川村さんが暮らすハワイや、清佐さんが育った台湾の台北も一緒に再訪した。国内旅行は数知れず。「パパは毎年5月になると、それはもう楽しそうに時刻表と地図に首っぴきで行程表を作っていました。ホテルやら鉄道やら、全部パパが手配しましたのよ。今でも、テレビでスイスの映像が流れますと、何をしていても手を止めて見入ってしまいます。

塩鮭もちとバター
じょうゆもち

ねぎもち

塩鮭もちと
バター
じょうゆもち

塩鮭もち

作り方　❶塩鮭1切れは香ばしく焼き、骨と皮を除いてほぐしておく。
❷焼きたてのもちに横から切れ目を入れ、①を詰め込むように挟み、のりで巻く。

バターじょうゆもち

作り方　❶ボウルにしょうゆ大さじ½、バター6gをよく混ぜ合わせ、焼きたてのもちをまんべんなく浸す。エシャロット1本弱と一緒にのりで巻く。大根のせん切りと青菜のみじん切りを塩もみし、水気を絞って一緒に皿に盛る。

ねぎもち

材料
（4人分）

長ねぎ ………………………… 2本
切りもち ……………………… 5個
酒・砂糖 ………………… 各大さじ3
みりん ……………………… 大さじ2
しょうゆ ……………… 大さじ3強
サラダ油 ………………… 大さじ2
バター ……………………… 大さじ1

作り方

❶もちは2等分に切る。ねぎは1㎝幅くらいの斜め切りにする。❷フライパンにサラダ油とバターを入れ、火にかけて溶かす。いったん火を止めて、ねぎの半量を広げ、もちをのせる。その上に残りのねぎをのせる。❸酒、砂糖、みりん、しょうゆを順にかけて蓋をし、中火にかける。煮立ったら弱火にし、4～5分してもちがトロッとしたらでき上がり。

私の居場所はあくまでも
わが家の台所。
どんなに忙しくても
パパの食事を
人に任せたことは
ありません。

「私たちは父のことが大好きでした。母は、どんなにお料理の仕事が忙しくなっても、父の食事や身の回りの世話で手を抜くことはありませんでしたし、父は父で、黙って母がやりたいようにさせていました。91歳の天寿を全うできたのも、母の愛と手料理のおかげかもしれません」（二女・安藤久美子さん）

お米同様、おもちはなるべく上等なものをお求め下さいね。

おもちは、ひとり暮らしですと、案外と便利な食品です。

塩鮭もちは、父が晩酌の途中でよく所望していた一品です。母もよい鮭が手に入ると、今かと注文を待ち構えておりました。また、バターじょうゆとエシャロットはおもちが仲介しますと、その相性は想像以上！　食べ過ぎに注意です。

「ねぎもち」は、台北育ちのパパから教えてもらった台湾のおやつ、「葱餅」（ツォピン）にヒントを得てばぁば風に仕立てたもの。パパは、小麦粉を練った生地にねぎを入れて焼いたこの「葱餅」が大好物だったそうです。お料理に関しては、「あれが食べたい」「これは嫌だ」などとめったに注文をつける人ではありませんでしたから、喜ぶこと請けあいのこの一皿を、冬になるとよく作ったものです。おねぎのねっとりとした甘み、バターの風味と甘辛じょうゆがやわらかいおもちに絡んでなんとも味わい深く、パパも「おいしいねえ」と懐かしげでした。

ばぁばの料理人生70年

母が買ってくれた黄色いランドセル

ばぁばは2015年に、二女・安藤久美子さんの自宅へお引越し。安藤さんは9年間、ばぁばの助手を務めたこともあり、ばぁばとは「おかあちゃま」「くんたん」と呼び合う仲良し親子だ。

「小学校に上がる時、母が私に買ってくれたのは、黄色いランドセル。当時は女の子は赤、男の子は黒が当たり前で、黄色はもちろん、私ひとり（笑い）。母は伝統を大事にしますが、同時に人と違うことを恐れない人なのです。母に何度『大丈夫よ！』と励まされて心が軽くなったことか…」（安藤さん）

第6章 迎春の食卓

おせちでなくともよいのです。
数の子、田作り、黒豆と
お雑煮があれば、
立派な祝い膳になります。

22歳で鈴木家に嫁いで70年、お料理教室を主宰して約50年、毎年おせち料理を作ってまいりました。お料理教室では、計23品を11月と12月に分けて、お作りするのが恒例となっております。

昨今、おせちをお作りになるご家庭は少ないかもしれません。私の生徒さんも、「全部は無理です」とおっしゃいますし、悲しいかな、今どきの子供たちはおせちを好んで食べないという現実もあります。

それでも私がおせちにこだわりますのは、世界遺産にも登録された和食において、おせちは家庭料理の集大成だからです。たとえ作らずとも、何がお重に入るのか、どんな味なのか、きちんと覚えておいていただきたいのです。

その上で、せめて祝い肴三種（黒豆、田作り、数の子）とお雑煮だけは、どうかその手でご用意くださいとお願いしております。そしてご家族全員で元旦の祝い膳を囲んでいただけたら、ばぁばはまことに幸せです。

祝い肴三種

—数の子・田作り・黒豆—

数の子

材料
（作りやすい量）

数の子（塩蔵）	300g	酒	大さじ3
塩	適量	薄口しょうゆ	大さじ2
だし汁	2カップ	糸けずり	適量

作り方

❶数の子は薄い塩水適量につけて塩抜きをする（2時間〜半日ほど）。食べてみて、ほんのり塩気が残るくらいで水洗いをし、薄皮をていねいにむく。❷だし汁、酒、薄口しょうゆを鍋でひと煮立ちさせ、よく冷ましてから①を浸し、冷蔵庫で2〜3日寝かせて味を含ませる。ひと口大に切って器に盛りつけ、糸けずりをのせる。

黒豆

材料
（作りやすい量）

黒豆 …… 2カップ
水 …… 8カップ
砂糖 …… 3カップ
しょうゆ …… 大さじ1

作り方

❶黒豆は洗って水につけ、ひと晩おく。❷①をつけ水ごと鍋に入れて強火にかけ、沸騰したら½カップ（分量外）の水を加える。浮いてくるあくをていねいに取り除きながら、これを計3回繰り返す。❸4回目の沸騰で弱火にし、煮汁がつねに豆よりも2㎝は上にくるように差し水を繰り返しながら、2時間ほど煮る。❹豆が指でラクにつぶれるくらいになったら砂糖を加えて約20分煮る。最後にしょうゆを加えてひと煮し、火を止める。

田作り

材料
（作りやすい量）

田作り …… 50g
水 …… 小さじ2
砂糖 …… 大さじ2
しょうゆ …… 大さじ1
酒 …… 小さじ1

作り方

❶田作りは半量ずつ油気のないフライパンに入れ、折ってみてポキッと折れるくらいまで弱火で煎る。❷水、砂糖、しょうゆを鍋に入れて弱火で煮詰め、大きく泡立ったら①を一気に加えて手早く絡め、酒をふってひと混ぜしてバットにあけて冷ます。

いまむかし

「あなたたち、おやつ代わりにお煮しめと紅白なますをつまんでいたものね」（鈴木）

鈴木　お正月といえば、私が今も思い出すのは、12月20日頃からおせち料理の食材を準備し始める母の姿。28日は黒豆を煮て、数の子の塩抜きをして。31日までずっと、お台所は昼夜なくいにおいがしていたわ。

安藤　お母ちゃまもそうだったわね。私は〝音〟も憶えてる。包丁の音とか、お煮しめがクツクツ煮える音とか。いつもとはちょっと違う音やにおいで、「ああ、お正月だな」…って。

鈴木　一の重、二の重、三の重とあって与の重。与の重にはお煮しめが入ってね。これとお雑煮で、家族で三が日を過ごすわけよね。おせち料理には、せめてお正月の三が日は、女性がお料理をしなくてもすむようにという意味もあるのだから。

安藤　最近では、子供が「おいしくな

BaabaとAnkumiの　おせち

い」とおせちを食べない…って悩むお母さんたちも多いの。ちゃんと作ったら、絶対においしいのにね…。

鈴木　舌がお総菜やコンビニの味つけに慣れているのよね。

安藤　私は、お母ちゃまのお煮しめも大好きだった。

鈴木　あなたたち、おやつ代わりにも、お煮しめと紅白なますをつまんでいたものね（笑い）。

安藤　最近は、おせちを〝買う〟のが当たり前になっているでしょう？　市販のお重をベースにして、あとは自分の作りたいものや家族のリクエストに応じて何品か作る、というのが主流らしいわ。

鈴木　余力があれば、紅白なますも作ってもらえるとうれしいのだけれど。何があろうと、元旦の祝い膳だけは家族みんなで囲んで、「おめでとうございます」と新たな年を迎えていただきたいわ。家族の約束ごとを〝時代〟のせいですませてはいけないと思うの。

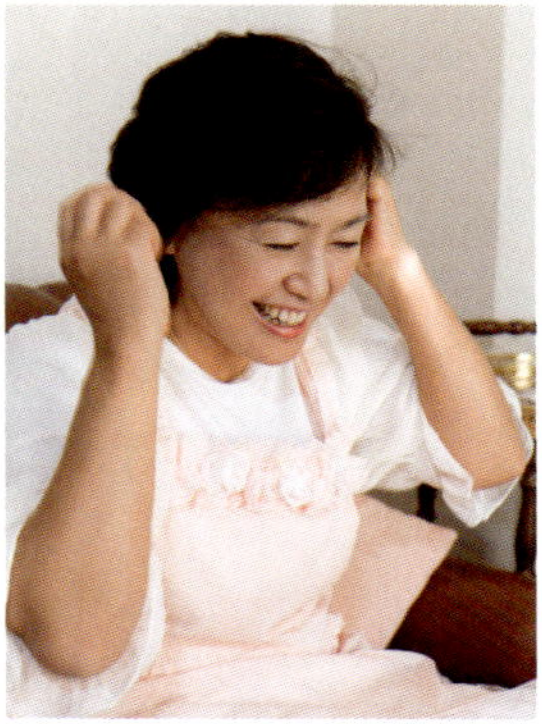

安藤久美子

◎あんどう くみこ　鈴木登紀子さんの二女で料理研究家。東京・武蔵野市の自宅で料理教室を主宰する。

＊安藤さんのブログ「鈴木登紀子ばぁばと安藤久美子料理教室のブログ」（http://baabakumi.exblog.jp）で、それぞれの料理教室のスケジュールなどが確認できる。

「（料理は）楽しいかい？」とパパ。
「楽しいわよ」と私。

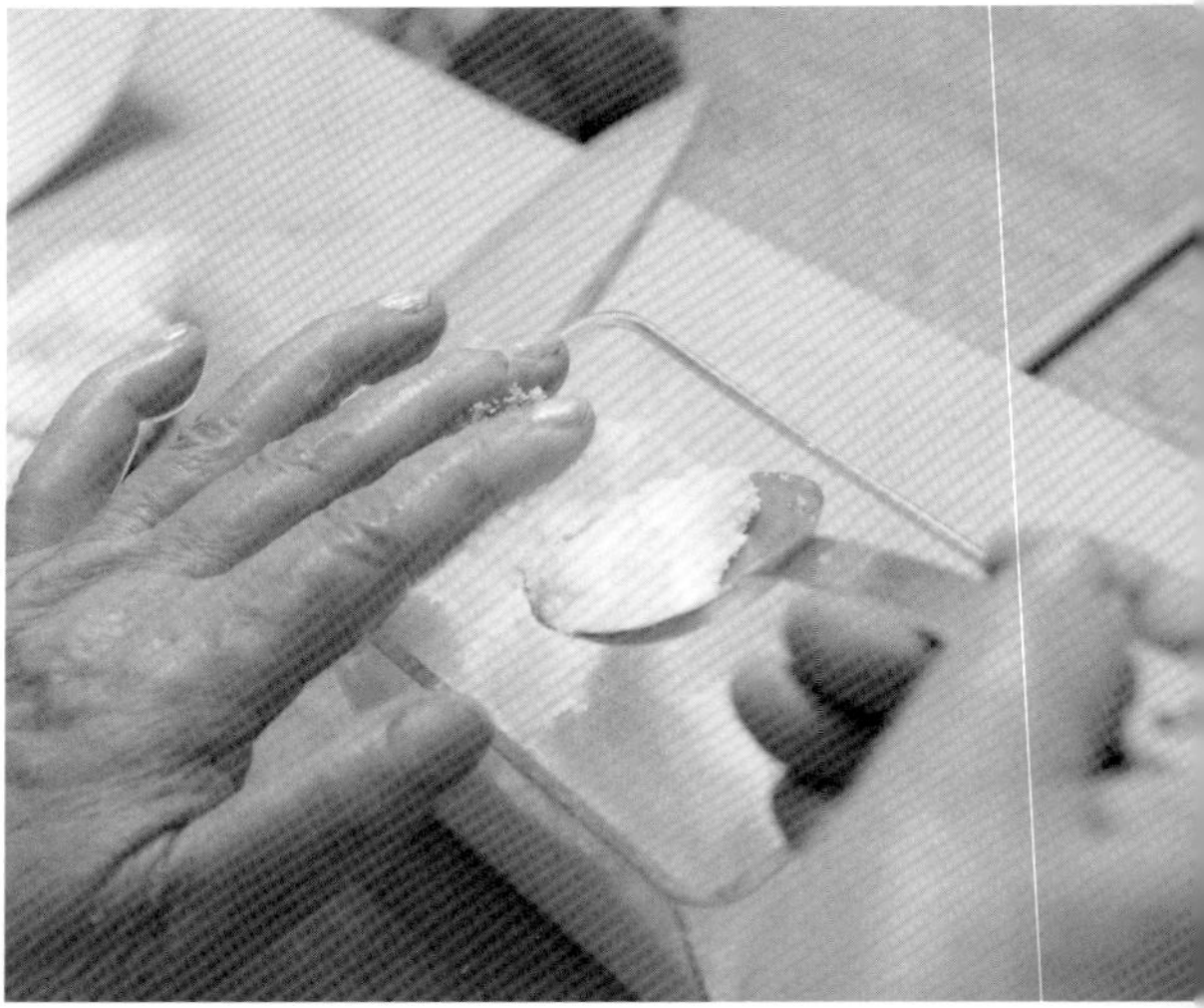

「そうか」と頷《うなず》いて以後、
パパは黙って見守り続けてくれました。

南部雑煮 鈴木家風

材料
(4人分)

角もち	4個	ゆず皮	少量
大根	200g	だし汁	4カップ
にんじん・ごぼう	各50g	酒・薄口しょうゆ	各小さじ1
鶏ささ身	2本	塩	小さじ1と½
紅・白かまぼこ	各4切れ	酒	適量
イクラ	大さじ4		
三つ葉	⅓束		

作り方

❶大根、にんじん、ごぼうは3～4㎝長さの短冊切りにし、ごぼうは酢水であく抜きをしてから、それぞれ順にかためにゆでてざるに上げる。❷鶏ささ身は薄皮と筋を除いてそぎ切りにし、酒をふる。イクラにも酒大さじ½をふっておく。❸鍋にだし汁と①の野菜を入れて強火にかけ、煮立ったら中火にして②のささ身を入れ、ひと煮立ちするのを待って、そのほかの調味料を加えて味を調える。❹各雑煮椀に野菜を少量敷き、電子レンジでやわらかくした角もちを1個ずつのせて、③の具と汁をかける。紅・白かまぼこ、イクラ、ざく切りにした三つ葉をあしらい、ゆずの皮を添える。

ひきな雑煮

材料
（4人分）

角もち …… 4個
大根 …… 200g
にんじん …… 20g
油揚げ …… 1枚
だし汁 …… 4カップ
みそ …… 80g
せり・ゆず …… 各少量

作り方

❶大根とにんじんは3〜4㎝長さのせん切りにする。油揚げは油抜きをしてせん切りにする。❷鍋にだし汁と①の野菜を入れて強火にかけ、煮立ったら中火にして油揚げを加え、ひと煮立ちさせる。みそを溶き入れて火を止める。❸各雑煮椀にやわらかくした角もちを1個ずつ入れ、②をかけてせりのざく切りを散らす。ゆずを添える。

紅白なます

材料
（作りやすい分量）

大根 …………………………… 600g
にんじん ………………………… 60g
砂糖 ………………………… 大さじ3
酢 …………………………… 大さじ4
塩 ………………………… 大さじ1弱

作り方

❶大根は4～5㎝厚さの輪切りにして皮をむく。縦に薄切りにし、ずらして置き、さらに縦にせん切りにする。にんじんも同様に切る。❷大きめのボウルに大根とにんじんを入れて塩大さじ1弱（大根とにんじんの重さの2%）をふる。最初は合わせるようにやんわりともみ、水気が出てきたら次第に強くもむ。❸大根とにんじんがしんなりしたら、2回に分けて水気が少し残るくらい軽く絞り、ほぐしてから密封容器に入れる。砂糖と酢を順に加えてよく混ぜ、蓋をして冷蔵庫に入れる。1日に2～3回混ぜて味をなじませる。翌日から食べられる。

菊花かぶ

材料
（作りやすい分量）

かぶ …………………………… 5個
酢 ………………………… ¾カップ
だし汁 ……………………… ¾カップ
砂糖 ………………………… 大さじ3
赤唐辛子
（種を除いて小口切り）…… 少量
塩 ………………………… 大さじ1弱

作り方

❶かぶは天地を切り落として、下から上へ薄く皮をむく。やわらかい下側を上にして置き、厚みの 3/4 くらいまで縦に細かく包丁を入れる。90尾向きを変えて、同様に包丁を入れて格子状に切り目が入るようにする。❷ボウルに水と3%の塩を入れて混ぜ、かぶを加えてしんなりとするまで30分ほど置く。密封容器に酢とだし汁、砂糖を合わせ、かぶの水気をきつく絞って放し、赤唐辛子を加える。翌日から食べられる。❸食べる時は水気をきつく絞って裏側から十文字に切り目を入れて手で開く。竹串などで花びらのように広げて盛り、赤唐辛子と菊の葉を飾る。

最後の晩餐には、おいしいお寿司を少しいただきたいわね。

「食いしん坊のばぁばでも、今はさすがに、たくさんは食べられません。お肉でもお魚でもほんのちょっと、『ああ、おいしい』といただければ充分。あともうひと口…の手間で止めておくから、余計においしいのよね。誰も明日のことはわかりません。だからこそ今日、〝ごちそうさま〟と掌を合わせられる幸せを大切にしないと」

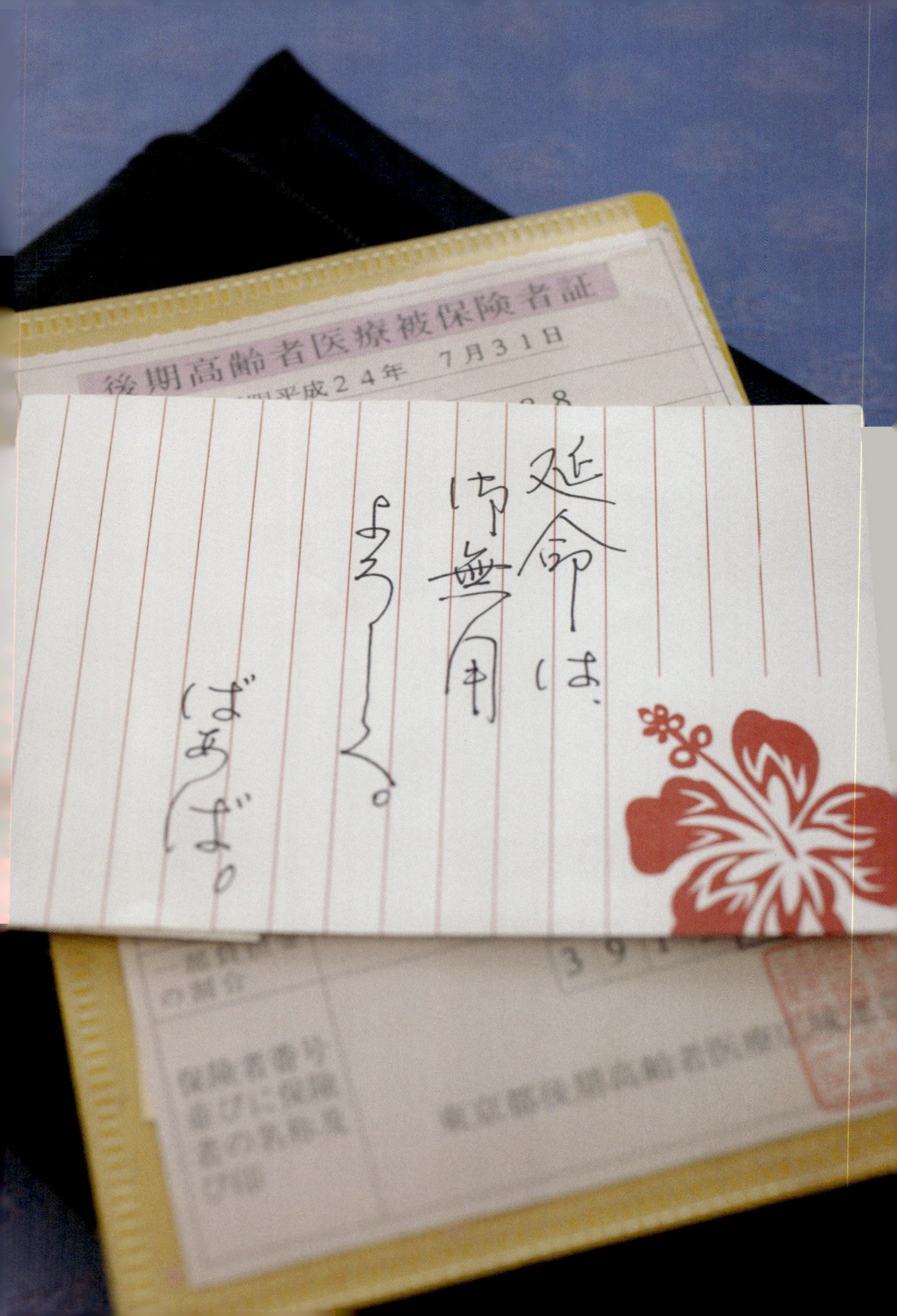
後期高齢者医療被保険者証
平成２４年　７月３１日
延命は、
御無用
よろしく。
ばあば。

あとがきにかえて

時には花の香りに、心奪われるひとときも大切ですよ

昨年の夏は、長期入院と手術で、生まれてはじめて、3週間ほど長期入院を経験いたしました。

じつは数年前に肝臓がんが見つかりまして、以来、毎年2~3回ほど定期的に大学病院へ検査入院いたします。とはいえ、卒寿を迎えたばぁさんですから、がんの進行も亀の歩み。ポコポコと顔を出している腫瘍をレーザー針で焼くだけで、滅多に抗がん剤も使用しませんし、本来は、1週間の入院せねばならないところを、ちゃっちゃっと5日で退院し、帰路、家族とおいしいものを食べるのが習慣になっているのです。

昨年夏も、いつものように〝別荘〟へ、お泊まりに行きました。ただ今回は、検査でちょっと異変がありました。「おかしい、おかしい」と、主治医の先生がしきりに首をひねるのです。「腫瘍が見つからないんです。しかもがんの形跡も消えています。奇跡としかいいようがありません！」と。

あらまあ、ついにがんも根負けしたのかしら。それならもう、別荘通いも終わりね…と、内心、私は小躍りして、さて、何を食べて帰ろうかしら？　などと考えていたのです。

その翌朝、午前8時30分のことでした。

突然、胸をギューッと圧迫されるような、締めつけられるような痛みに襲われ、ふっと目の前が真っ暗になったのです。

これはいけない。このままじゃいけない。

気がつけば、「誰かきてくださーい！　このまま死ぬわけにはいかないんでーす！」と、ありったけの声を振り絞って叫んでおりました。

心筋梗塞の発作でした。緊急施術で一命をとりとめましたが、「心筋梗塞の発作で、あんな大声を出した患者さんは初めて」と、看護士さんたちはびっくり。「かえって心臓に悪いわよねぇ」と笑って3週間で退院いたしましたが、手術のあとしばらくは、食欲もない、字も書けない、原稿も読めない。もう二度と、入院も手術したくないと痛感しました。

ばぁばには、ふとした拍子に思い出す光景があります。

パパと暮らし、パパを看取った田園調布のかつての自宅から、ご近所の某スポーツメーカーの社長さん宅へお届けものをした、ある春の夕暮れのこと。何気なしに振り返った空がまっ赤に焼けていて、それはそれは息をのむような美しさでした。

「車で送っていきます！」

社長さんの声に、「いえいえ、結構です。こんな美しい夕焼け、車で通り過ぎちやもったいないないないもの」と、うっとり見とれながら帰宅したのです。

人生はよいことばかりは起きません。それでも必ず明日は来ます。幸せは心持ちひとつ。笑っても一生、泣いても一生。笑顔でいられる心持ちのために、ご自分をいたわる楽しみもお持ちになるとよいかと思います。

どんなに元気でも、来るべき日は必ず来るのです。私も、いつかあの夕焼けの空に還《かえ》る日まで、パパから「そろそろどうだい？」とお声がかかるまで、もうしばらく、今生を楽しもうと思っております。

2017年卯月の佳き日に　ばぁば

料理準備室

鈴木登紀子

日本料理研究家。1924年青森県八戸市生まれ。自宅で始めた料理教室をきっかけに、46歳のときに料理研究家としてデビュー。以来、料理教室を続けるかたわら、家庭料理にこだわった和食の心を、古来の美しい行儀作法とともに伝える。テレビ番組『きょうの料理』(NHK・Eテレ)への出演は40年を超える。孫5人、ひ孫5人のよき〝ばぁば〟でもある。著書に『「ばぁばの料理」最終講義』(小学館)などがある。

スタッフ

撮影　佐伯義勝
　　　澤井秀夫
　　　近藤篤
　　　坂本道浩
デザイン　森坂芳友・茂木慎吾（サウスベンド）
校正　布川智子

※なお、本書の写真の中には、鈴木登紀子さん所有で撮影者不詳のものが数点含まれております。撮影者にお心当たりがあるかたがいらしたら、編集部にご一報くださますよう、お願い申し上げます。
（編集部　☎03-3230-5585）

ばぁば　92年目の隠し味

2017年5月20日　初版第1刷発行

著者　鈴木登紀子
発行人　鈴木崇司
発行所　株式会社小学館
〒101-8001 東京都千代田区一ツ橋2-3-1
編集　03-3230-5585
販売　03-5281-3555

印刷所　大日本印刷株式会社
製本所　株式会社渋谷文泉閣

販売　中山智子
宣伝　井本一郎
制作　元藤祐輔
編集　神　史子

ISBN 978-4-09-396540-8